Diogenes Taschenbuch 24729

AF186232

SHELLY KUPFERBERG, geboren 1974 in Tel Aviv, ist in Westberlin aufgewachsen und hat Publizistik, Theater- und Musikwissenschaften studiert. Sie ist Journalistin und moderiert für *Deutschlandfunk Kultur* und *RBB Kultur* diverse Sendungen zu Kultur und Gesellschaft. Shelly Kupferberg lebt mit ihrer Familie in Berlin.

Shelly Kupferberg

Isidor

Ein jüdisches Leben

Diogenes

Die Erstausgabe erschien 2022 im Diogenes Verlag
Covermotiv: Design von Rahel Bünter unter Verwendung einer
Vorlage von koziel.fr (Hintergrund) und GlobalP (Reh)
Copyright © Diogenes Verlag / koziel.fr / GlobalP / iStock

Veröffentlicht als Diogenes Taschenbuch, 2024
Alle Rechte vorbehalten
Copyright © 2022
Diogenes Verlag AG Zürich
www.diogenes.ch
150 / 24 / 852 / 1
ISBN 978 3 257 24729 9

Inhalt

Isidor

Ein jüdisches Leben

Mein Urgroßonkel war ein Dandy. Sein Name war Isidor. Oder Innozenz. Oder Ignaz. Eigentlich aber hieß er Israel. Doch dieser Name war zu verräterisch. Also Isidor oder Innozenz oder Ignaz. Er war ein Emporkömmling, exzentrisch, ein Parvenü, ein Multimillionär, hier und da ein Hochstapler, ein Mann der Tat und von Welt, er war eigensinnig und voller Stolz. Wie sonst lässt sich sein Aufstieg aus dem hinterletzten ärmlichen Winkel Ostgaliziens bis in die k. u. k. Metropole Wien zum Kommerzialrat und wirtschaftlichen Berater des österreichischen Staates erklären? Wie sonst hätte er sich aus Lokutni – Lokutni bei Tlumacz, Tlumacz bei Kolomea, Kolomea bei Lemberg – ganz nach oben hangeln können? Bis zu dem Tag, als Menschen wie er ausgelöscht werden sollten.

Isidor. Wer war er, woher sein unbedingter Aufstiegswille, was prägte ihn, wer prägte ihn? Woher kamen die Seinen, womit beschäftigten sie sich, was prägte sie – und welchen Weg gingen sie allesamt?

Isidors Geschichte und die derjenigen, die ihn umgaben, zusammengesetzt aus Bruchstücken, Überlieferungen, Recherchen und Dokumenten – sie sei hier erzählt.

Zurück in Wien / Korrespondenzen

Wien *macht auf mich einen sonderbaren und etwas zwiespältigen Eindruck. Einerseits war ich irgendwie erschüttert, dass sich so wenig geändert hat, dass die Häuser und Umgebung die gleichen geblieben wie vor all den welterschütternden Ereignissen – obwohl man das ja weiß, ist es doch etwas anderes, wenn man es greifbar vor sich sieht. Andererseits bin ich zweifellos nach 18 Jahren von allem etwas entfremdet – ein sonderbares Gefühl! Ich sitze jetzt im Café Bauernfeld am Bauernfeldplatz, wo ich 19 Jahre lang wohnte, irgendwie ist es eine gewisse Befriedigung, wieder da zu sein, wo man mich auf ewig zu vertreiben hoffte.«*

Ich lese die Briefe, die mein Großvater Walter 1956 von der ersten Reise nach dem Krieg in seine Heimatstadt Wien an seine Frau Alice nach Tel Aviv geschickt hat. Zwei Monate lang war er unterwegs, mit seinem engen Wiener Freund Heinz, der, wie Walter, nach dem »Anschluss« Österreichs an Hitlerdeutschland nach Palästina geflohen war.

Walter trat in diesem Frühjahr 1956 eine aufwühlende und schwierige Reise an. Er schrieb jeden zweiten Tag nach Hause, um ausführlich über Erlebtes und Beobachtetes zu berichten. Die Briefe dokumentieren nicht nur seinen Aufenthalt in Wien, sondern auch das Ringen um eine Entscheidung, die so existenziell wie wegweisend war. Sollte er – der mit dem Land, das ihn vor den Nazis gerettet und ihm Zuflucht geboten hatte, so haderte – nach Wien zurückkehren oder in Israel bleiben? Zwei Kinder hatte er inzwischen, beide echte *Sabres,* wie man die in Israel Geborenen nennt.

Seine Briefe offenbaren, wie er in den ersten Tagen und Wochen zwischen tiefer Trauer, Nostalgie und Euphorie schwankt. »*... wenngleich das eigenartige Gefühl zwischen Wehmut und Grauen noch nicht weichen will*«, so schreibt er.

Doch langsam findet er in sein altes Leben zurück, findet mehr und mehr Gefallen an der Atmosphäre der sich wieder aufrappelnden Kulturmetropole Wien. »*Gestern waren wir in der Volksoper und sahen eine ausgezeichnete Aufführung der Operette ›Der Vogelhändler‹ von Carl Zeller. Die alten Schlager gingen ans Herz. Es war ein altes Stück Europa.*«

Die politische Auseinandersetzung mit dem geschehenen Naziunrecht scheut er dabei nicht, befragt zurückgekehrte Wiener Juden, die sich im Kaffeehaus Koralle in der Porzellangasse treffen (an dessen Eingang im März 1938 das Schild hing: »Juden und Hunden ist der Eintritt verboten«), über den Antisemitismus und diskutiert mit alten Schulkameraden bis in die Morgenstunden über jene Jahre – darunter sind auch ehemalige Nazis. Über die Gespräche mit ihnen bemerkt er: »*Es ist eine solche Genugtuung, den Leuten einmal alles ins Gesicht sagen zu können, dass das schon allein die Reise wert ist.*«

Siebzig Jahre lang schlummerten diese Briefe in der Tel Aviver Wohnung meiner Großeltern auf dem Hängeboden. Jetzt, da ich sie in den Händen halte, werden all die Geschichten, die man sich in der Familie immer wieder erzählt hat, wach. Ich beginne, diese Briefe zu lesen, versuche zu rekonstruieren, was für ein Leben meine Vorfahren gelebt haben, was für rasante persönliche und gesellschaftliche Entwicklungen sie durchgemacht haben – und wie schmerzlich alles, was sie sich mühselig und kühn erarbeitet hatten, von einer Sekunde auf die andere zunichtegemacht wurde. Bevor dann *sie* zunichtegemacht werden sollten.

Mein Großvater Walter nutzte auf seiner alles andere als einfachen Reise im Jahr 1956 jede Sekunde, um Wien und die mitteleuropäische Kultur förmlich einzuatmen. »*Trinkt, o Augen, was die Wimper hält, von dem goldnen Überfluss der Welt!*«, zitiert er in seinen Briefen Gottfried Keller und schildert akribisch seine vielfältigen kulturellen Aktivitäten.

Er scheint an das geistige, kulturelle und gesellschaftliche Leben anknüpfen zu wollen, mit dem er so selbstverständlich aufgewachsen war. Er geht jeden Abend ins Theater oder in die Oper. Tagsüber trifft er alte Schulkameraden, nicht jedoch, ohne einen Museumsbesuch in sein Tagesprogramm einzubetten. Es dürstet ihn nach Kultur, nach der deutschen Sprache, nach den Orten seines Heranwachsens, er wandelt auf den Spuren seiner Prägungen. Es gilt, achtzehn Jahre wieder aufzuholen, die achtzehn Jahre seit seiner Vertreibung durch die Nazis.

»*Samstag Abend waren wir mit Weber und Riester beim Heurigen im Grinzing, bei den Schrammeln, und unterhielten uns glänzend bis zwei Uhr nachts! Heinz sang alle obersteirischen Lieder. Weber und Riester sind wohltuende Beispiele dafür, dass man auch unter Hitler ein anständiger Mensch bleiben konnte. Ich gebe zu, dass diese Menschen Ausnahmen in Wien sind.*«

Regelmäßig befragt er sich während seines Wienaufenthalts kritisch, ob seine humanistische Bildung noch *state of the art* sei. Konnte er sie in der Ferne, im Exil – unter der grellen Sonne des Orients, fern von barocken Prachtbauten, monarchisch geprägten Institutionen, Lehrern aus der Kaiserzeit – aufrechterhalten, gar ausbauen, um sich in seiner eigenlichen Heimat Jahre später behaupten zu können?

Ich erinnere mich an meinen Großvater, der sich in meiner Kindheit und Jugend oft in Europa aufhielt, stets mit Hut, Krawatte, weißem Hemd und ordentlichem V-Ausschnitt-Pullover darüber, mit Mantel und lederner Aktenmappe. Er hatte die Kultur seiner Heimat mit in den Nahen Osten exportiert, um sie Jahre später wieder dorthin zurückzutragen. Als Gelehrter aus dem Morgenland, aber mit durch und durch abendländischen Wurzeln. Bewegte er sich in Wien anders als in Tel Aviv?

Die Flucht hatte ein unfreiwilliges Hybrid aus ihm gemacht, er war, so wirkte es auf mich, mühelos in zwei sehr unterschiedlichen Umgebungen und Kulturen, Sprachen und Mentalitäten unterwegs. Aber wirklich berühren konnte ihn nur das alte Europa. »Ich kam nicht aus Zionismus, sondern aus Österreich!« Er wurde nicht müde, diesen Leitspruch zu wiederholen. Aus Wien schrieb er euphorisch: »*Kultur, Politik, Tradition, Europa, Umgebung, Neutralität – es ist ein großer Jux. ... Österreich ist eben doch lange keine Provinz wie Israel.*«

Als er in diesem Frühjahr 1956 voller Sehnsucht die immer noch so vertrauten Pfade seiner Kindheit und Jugend ablief – wie sehr haben ihn die grausamen Geschichten der letzten Monate in Wien eingeholt, vor seiner Flucht nach Palästina? Die Demütigungen, die Verfolgungen, die Schmährufe, die Angst, die er 1938 als Neunzehnjähriger empfand, als die Nazis siegessicher in Wien einmarschierten und mehr als willkommen geheißen wurden? Als die große, lebhafte Metropole ihre hässliche Fratze offenbarte und im Handumdrehen zu einer spießigen deutschen Stadt wurde, unter dem Beifall ihrer Einwohner?

Den letzten Monat vor der Ausreise im Sommer 1938 verbrachte Walter bei seinem Onkel Isidor. Nach der Verhaftung durch die Nazis am Tag des »Anschlusses« war Isidor wieder auf freiem Fuß, konnte es aber nicht mehr ertragen, allein in seiner Wohnung zu sein. Der einst herrische Mann war bis ins Mark erschüttert. Er hatte Angst. Walter zog also bei ihm ein und half dem Onkel, die Tage und Nächte zu überstehen. Und so lernte der junge Mann seinen Onkel noch mal von einer ganz anderen Seite kennen. Ihn, den »gemachten Mann«, zu dem der Rest der Familie aufschaute. Isidor wurde bewundert für das, was er geschafft hatte. Nicht von allen, das versteht sich: Neider gab es überall, allen voran seine Bediensteten, die sich, als es darauf ankam, als Antisemiten und niederträchtige Verräter offenbarten.

Wie sehr hat sich Walter 1956, bei seinem ersten Besuch in Wien, wohl an all die Geschichten erinnert, die sich in seiner Familie abspielten, bevor die Nazis seine Welt zusammenbrechen ließen, ihn zum ersten Mal sterben ließen, wie er später sagen würde? Wie sehr ragten die düsteren Schatten jener Tage in die Wiederbegegnung mit seiner Heimatstadt hinein? War es überhaupt noch seine Heimatstadt? Was wollte er sehen, was nicht?

Ich suche nach Antworten, versuche, diese Lebenswege zu rekonstruieren. Alles, was uns unser Großvater über seine Kindheit und Jugend in Wien erzählt hat, über seine Flucht vor den Nazis, den Schmerz und die Wut, die Trauer um diejenigen, die es nicht geschafft hatten, sich zu retten – all die Anekdoten über Verwandte, die kleinen und großen Geschichten versuche ich zu einem Ganzen zusammenzusetzen und begebe mich auf die Suche nach Zeugnissen aus jener Zeit. Dabei stoße ich immer wieder auf ihn: den schillernden Onkel Isidor.

Ein Lebemann, der laut Familienüberlieferung nie geheiratet haben soll und keine Kinder hatte. Wenig ist von ihm geblieben. Nur ein großer Silberbesteckkasten samt Inhalt für 24 Personen. Wer das reich verzierte, schwere Besteck wohl alles einst in den Händen hielt? Onkel Isidors regelmäßige Bankette waren eine Institution in Wien. Das Besteck ist ein stiller Zeuge des großbürgerlichen Anspruchs eines Mannes, der davon überzeugt war, dass ihm inmitten der guten Wiener Gesellschaft keiner etwas anhaben konnte.

Je mehr ich mich mit meinem Urgroßonkel befasse, je mehr Fragmente und Informationen ich in den unterschiedlichsten Archiven über ihn finde, desto klarer wird mein Bild einer ungewöhnlichen Persönlichkeit und einer zunächst unaufhaltsamen Aufstiegsgeschichte. Ich setze Puzzleteil für Puzzleteil zusammen: die Geschichten meines Großvaters, Akten, Fotos, alte Dokumente und Familienbriefe aus den 1910er-, 20er-, 30er- und 40er-Jahren, mache mich auf die Suche nach seinem Nachlass – und finde in den Archiven, zumindest auf dem Papier: Kunst, eine ausufernde Bibliothek, kostbares Interieur, Wertsachen, zahlreiche von den Nazis gestohlene Dinge – und zwei Eheringe. War der Onkel also doch verheiratet, oder waren die Eheringe möglicherweise Erbstücke? Im Zuge meiner Recherche halten einige kleine Gegenstände größere Überraschungen für mich bereit. Und Geschichten. Jede Menge Geschichten.

Aber zurück zu Walter nach Wien, im Jahr 1956. Nach einigen Wochen gibt er sich einen Ruck und sucht die Wohnung am Bauernfeldplatz auf, in der er seine ersten neunzehn Lebensjahre verbracht hat. Die Wiederbegegnung mit seinem alten Wohnhaus wird ihm die Augen öffnen und die Weichen für seine Zukunft stellen. Zunächst liest er den Klingelschildern ab, dass von seinen ehemaligen Nachbarn – fast allesamt jüdische Familien – niemand mehr hier wohnt. Die Hauswartsfamilie jedoch ist noch dieselbe wie vor dem Krieg. Nur, dass sie nicht mehr im ersten Stock des Hauses logiert, sondern im dritten Obergeschoss. Das macht ihn stutzig.

Als er bei dem Ehepaar klingelt, öffnet die Hauswartsfrau die Wohnungstür und erkennt Walter sofort. Kreidebleich ruft sie in die Wohnung hinein: »Der Jud' is wieda doa!« Worauf ihr Mann rüde antwortet: »Sag koa Wort!« In den wenigen Sekunden, ehe sie die Tür vor Walters Nase zuschlägt, kann er einige Möbel seiner Eltern und ehemaliger Nachbarn ausmachen.

Walters Wienbesuch ist beendet. Seine Entscheidung gefallen.

Canova

1935. Wie jeden Sonntag ging er zu seinem Onkel zum Mittagessen. In der vornehmen Canovagasse im 1. Wiener Bezirk, gleich hinter dem Musikverein und in der Nähe des Karlsplatzes, bewohnte Onkel Isidor eine Etage im Palais des Freiherrn Eugène de Rothschild. Zehn prachtvolle Räume mit Stuck und Deckenmalereien. Persische Teppiche lagen auf dem Mosaikparkett. Die Türklinken waren mit siebenzackigen Kronen verziert. Isidor lebte dort ganz allein – mitsamt seinen Kunstschätzen.

Bei jedem Besuch bestaunte Walter, gerade einmal sechzehn Jahre alt, Isidors exquisites Mobiliar. Und seine vielen Bücher im eigens dafür eingerichteten Lesezimmer, darunter in Leder gebundene lateinische Einzelexemplare, die gesamte Weltliteratur, Erstausgaben französischer und deutscher Klassiker. Da war die zehnbändige illustrierte Prachtausgabe von *Tausendundeine Nacht,* die im barocken gläsernen Bücherschrank stand. Wenn Onkel Isidor in Laune war, nahm er sie heraus und las daraus vor, wobei er delikate, gar schlüpfrige Stellen, die den Neffen auf dumme Gedanken hätten bringen können, übersprang. Der Onkel legte schauspielerische Verve an den Tag, genoss es, das Vorgetragene zu kommentieren und seine Bildung hervorzukehren. Im Lesezimmer fanden sich auch Bände über Staatstheorie und Ökonomie, Jurisprudenz, Philosophie, Geisteswissenschaften, außerdem prächtige Folianten, Lexika, Bücher über Kunst, Musik, Architektur, Weltgeschichte, die Antike, und, in einem etwas abgelegenen Regal, eine ganze Reihe Ratgeber für den täglichen Gebrauch, Leitfaden für die stilvolle Konversation. Egal, in welcher Situation: in der Ehe, in Gesellschaft, mit Geschäftspartnern, Freunden und Gegenspielern; gehobene Unterhaltung beim Diner, bei der Zigarre, oder die Etikette bei politischen Debatten. Auf Französisch, Englisch und Deutsch.

Sein Mobiliar hatte Onkel Isidor über die Jahre handverlesen. Da war der Sekretär aus der Zeit Maria Theresias mit seinen Perlmuttintarsien, da waren die antiken chinesischen Terrakottafiguren – Isidor fand zunehmend Gefallen an den fernöstlichen Formen und Gesichtern, konnte sich aber noch nicht entscheiden, ob er eine ernsthafte Sammlung von Asiatika beginnen wollte. Bisher hatte er sich vor allem auf klassizistische Skulpturen konzentriert, ganz besonders liebte er die Arbeiten Canovas. Welch herrlicher Wink des Schicksals, dass seine Adresse ausgerechnet nach dem italienischen Bildhauer benannt war!

Regelmäßig stattete Onkel Isidor seinem Freund Siegfried Lämmle einen Besuch in seinem berühmten Antiquitätenladen in München ab, ließ sich von ihm beraten, über Neuzugänge informieren im Wissen, dass er nicht ohne neue Beute diese Wunderkammer verlassen würde. Was auch seinen drei Bediensteten nach der Rückkehr in die Canovagasse nicht entging. »Champagner aufs Haus!«, rief der sonst strenge Hausherr nach jeder Neuanschaffung und gab ein Gläschen Perlendes an alle Anwesenden aus.

Jeden Sonntag lud der Onkel zum Mittagessen, jeden Sonntag traf sich halb Wien in der Canovagasse. Parlierte, debattierte, trank, philosophierte, tauschte Klatsch und Tratsch aus, schindete Eindruck, berichtete von den letzten Theater- und Opernpremieren. In informeller Atmosphäre ergab sich auch schon mal das eine oder andere Geschäft.

Der kinderlose Kommerzialrat war ein verschwenderischer Gastgeber, er liebte den Luxus und wusste, was er wollte. Und vor allem, was nicht. Er war stolz auf den Weg, den er zurückgelegt hatte: aus ärmlichen Verhältnissen in einem ostgalizischen Kaff bis in die feine Wiener Gesellschaft. Er hatte sein Schicksal selbst in die Hand genommen, und es gab immer wieder Momente, in denen er sich innerlich zunickte: Ja! Er hatte es geschafft! Man hofierte ihn, man konsultierte ihn, man befolgte seinen Rat in juristischen und Finanzfragen – selbst auf höchster staatlicher Ebene. Isidor gehörte zu den ersten Adressen, wenn man in Wien einen Anlageberater brauchte. Er selbst lebte von den großzügigen Zinserträgen seines Kapitals. Finanzielle Nöte, die er in seiner Kindheit und Jugend durchaus gekannt hatte, würde er wohl nie wieder kennenlernen, dessen war er gewiss.

In einem, das wusste er, hätten seine Eltern ihn niemals verstanden. Ein Mann in den besten Jahren – ganz ohne Familie? Der erste Versuch, den Bund der Ehe einzugehen, war schon nach kurzer Zeit gescheitert. Und auch die zweite Heirat war ein Fehler gewesen. Kommerzialrat Dr. Isidor Geller bevorzugte ein Leben ohne feste Bindungen, schon gar nicht mit Kindern. Kinder interessierten ihn nur, wenn man sich mit ihnen gescheit unterhalten konnte und sie keinen Lärm verursachten. Wie sein Neffe Walter. Walter war ein hervorragender Schüler, wusste sich bei Tisch zu benehmen, gepflegte Konversation zu führen und interessierte sich für Geschichte und Literatur. Mit gerade mal sechzehn Jahren, einem Alter, in dem man für gewöhnlich eher Flausen im Kopf hatte.

Isidor war stolz auf den begabten Walter, vor dem sich nun, an diesem Sonntag im Jahr 1935, die großen Flügeltüren zum Salon wieder einmal öffneten.

Am Blüthner-Flügel saß die neuerdings als Dame des Hauses auftretende Ilona von Hajmássy, des Onkels Geliebte. In ein champagnerfarbenes, langes Seidenkleid gehüllt, die Beine übereinandergeschlagen, klimperte sie auf dem Instrument herum, dazu sang, trällerte und summte sie neueste Operettenmelodien. Seit einem guten halben Jahr nun war die Ungarin im Hause Dr. Geller anzutreffen. Sie gab sich mal mondän, mal unschuldig, liebte es, vom Onkel Komplimente zugeflüstert zu bekommen und ausgeführt zu werden. Sie hatte Isidor gänzlich den Kopf verdreht, der die schöne, hochgewachsene Blondine mit dem markanten Akzent und dem angeblich aristokratischen Namen für eine große künstlerische – und nicht nur künstlerische – Entdeckung hielt. Isidor sprach augenzwinkernd von seiner »ungarischen Fürstin«.

Ilona war, als sie sich begegneten, erst vor Kurzem aus Budapest nach Wien gekommen. Sie schien ehrgeizig und zielstrebig. Die große Bühne war ihr Ziel. Der Onkel unterstützte sie dabei nach Kräften. Dennoch: Wohnen sollte sie bitte nicht in der Canovagasse. Zu viel Nähe würde den Zauber zwischen den beiden Liebenden eintrüben. Der Alltag eignete sich nicht für Erotik – das hatte Isidor bereits bitterlich erfahren müssen. Und überhaupt: Binden wollte er sich nicht mehr allzu sehr, sich aber gerne mit einer Frau, der die Männer hinterherblickten, in der Öffentlichkeit sehen lassen. Und so fanden sie eine Übereinkunft: Frau von Hajmássy mietete sich auf Isidors Kosten im vornehmen Hotel Kummer ein. Eine Zofe bekam sie vom Onkel ebenfalls an die Seite gestellt. Hinzu kam der von ihm finanzierte Gesangsunterricht, natürlich bei den besten Lehrern der Stadt.

Als regelmäßiger Besucher des Operntheaters, wie sich die Wiener Oper damals nannte, hätte der Onkel sie nur allzu gern auf der dortigen Bühne erlebt. Die Präsenz hatte sie allemal! An der Volksoper hatte sie ja schon einmal die Tosca gegeben, und auch wenn sie am Operntheater vielleicht noch nicht mit den ganz großen Partien betraut werden würde – man wuchs, so Isidors Credo, stets mit seinen Aufgaben.

Doch so recht fruchteten des Onkels Bemühungen noch nicht. Zu schade. Das Publikum wusste gar nicht, was es verpasste, dachte Isidor und grübelte, wie er seiner Geliebten den beruflichen Weg ebnen könnte. An guten Kontakten mangelte es ihm schließlich nicht. Auf den Budapester Bühnen hatte Ilona sich – wenn auch in kleineren Rollen – bereits bewiesen. Warum sollte es also in Wien nicht klappen?

Die Prüfung

Nach und nach trudelten die Gäste in der Canovagasse ein, wurden von der Haushälterin Resi mit einem Glas Champagner empfangen. Auch an diesem Sonntag hatte sie den Hausherrn gebeten, ihre jüngere Schwester Mizzi als Verstärkung ins Haus holen zu dürfen.

Die Herren und Damen nahmen sich ein Glas von Resis Tablett, Wiener Kaufleute mit ihren Gattinnen, Persönlichkeiten aus dem Kulturleben der Stadt, Geschäftspartner und Klienten des Onkels und Bekannte, die an seinem Reichtum teilhaben wollten und ihn umwarben. Isidor begrüßte jeden, genoss die Aufmerksamkeit, die ihm und seiner schönen Geliebten zuteilwurde. Bald ertönte ein Glöckchen aus der Richtung des Esszimmers – der Tisch war reich gedeckt, das Mahl bereit. Walter wartete, bis sich die Gäste miteinander parlierend in Bewegung setzten. Der Onkel sorgte stets höchstpersönlich für die Tischordnung – durchdacht und strategisch. Oder war es etwa Zufall, dass Ilona neben dem Kammersänger des größten Wiener Opernhauses, Hans Duhan, Platz nehmen sollte?

Über jeden der Gäste erzählte der Onkel eine einführende Anekdote, ehe er sie platzierte, und auch wenn ihm nichts Persönliches einfiel, so fand er doch immer wieder einen eleganten Schlenker oder ein Bonmot, um jedem und jeder das Gefühl zu geben, hier genau richtig zu sein.

Walter hörte seinem Onkel bewundernd zu, doch was seinen eigenen Platz an diesem Sonntag im Jahr 1935 betraf, so hatte er Pech: Walter landete neben einem Kollegen des Onkels aus dessen Zeit in der Handelskommission des österreichischen Staates. Dieser Adolf Fürst, schwer, schnaufend und verschwitzt, versuchte immer wieder, die Aufmerksamkeit Ilonas, die ihm schräg gegenübersaß, auf sich zu lenken, was allerdings nur mäßig gelang. Dabei wurde er nicht müde zu betonen, dass er als Mitglied des Verwaltungsrats der Firma Leopold Landeis AG, einer Wäsche- und Miederfabrik, die besten Kontakte zu Salons für edelste Unterwäsche pflege. Während des Essens beobachtete Walter die peinlich berührte Gattin des Herrn Fürst. Mit jedem Glas Wein, das ihr Ehemann trank, wurden seine Ausführungen über Mieder und Unterwäsche detaillierter.

Das mehrgängige Mittagessen zog sich an diesem Sonntag. Walter hatte bei den Gesprächen über die Börse und Wertpapiere Mühe, nicht wegzudösen. Ein ehemaliger Klient des Onkels erzählte von seiner neuen Leidenschaft für Pferderennen und kubanische Zigarren, Ilona lauschte andächtig dem Kammersänger Duhan, der über die richtige Pflege der Gesangsstimme mithilfe ausgetüftelter Eigelbrezepturen und über neue Inszenierungen an der Wiener Oper sprach, und Onkel Isidor lachte ein wenig zu laut über seine eigenen Witze, die Walter allesamt bereits kannte.

Der junge Mann schweifte ab und dachte an sein vor einiger Zeit begonnenes Lektüreheft. Hier schrieb er jedes der Bücher hinein, das er las. Inzwischen waren fast fünfzig Buchtitel zusammengekommen, in nicht einmal einem Jahr. Gestern erst hatte er Tolstois *Herr und Knecht* dazugeschrieben. Und nun wollte er sich über Theodor Herzls *Altneuland* hermachen.

Dieses Mal war Walter beinahe froh, als es so weit war und er aus seinen Gedanken gerissen wurde. Nach dem Dessert, ehe den Gästen ein starker Mokka, diverse Liköre und erlesene Schnäpse angeboten wurden, bedeutete der Onkel ihm mit einem strengen Blick: Jetzt gleich! Isidor liebte es, den Sohn seiner Schwester der Tischgesellschaft zu präsentieren. Denn das Wissen des klugen Neffen war auch seines und bewies den Anwesenden, mit welch gebildeten Menschen sie es hier zu tun hatten.

Wie jeden Sonntag schlug Isidor mit einem kleinen silbernen Mokkalöffel gegen sein Weinglas.

»Walter – steh auf, mein Lieber! Woher stammt die Sentenz *Roma locuta, causa finita* – und was bedeutet sie?«

Walter erhob sich brav und antwortete: »Rom hat entschieden, die Sache ist erledigt – das ist ein Rechtsgrundsatz, der aus dem Kirchenrecht stammt. Die Entscheidung der höchsten Instanz, ursprünglich die des Papstes, ist stets rechtskräftig, es verbleiben keine Rechtsmittel – und somit kein Raum für weitere Diskussionen.« Der Applaus der Gäste war ihm sicher. Und auch der Doppelschilling seines Onkels. Walter hatte die Prüfung auch dieses Mal glänzend bestanden.

Nachdem er sich wieder gesetzt hatte, wandte sich die Gattin des Mieder-und-Unterwäsche-Moguls an ihn und fragte, welches Gymnasium er denn besuche. Das ›BG9‹, das Bundesgymnasium neun also, in der Wasagasse, erwiderte Walter. Die Antwort schien Frau Fürst zu gefallen. Sie kannte offenbar den guten Ruf des humanistischen Gymnasiums. »Ist da nicht Stefan Zweig zur Schule gegangen?«, fragte sie, und als Walter nickte: »Und was gedenken Sie denn einmal mit Ihrem Leben anzufangen, junger Mann?« Walter sah hinüber zu seinem Onkel, der ganz in seinem Element war. Als Kavalier seiner Ilona, als generöser Gastgeber, der seinen Bediensteten Anweisungen gab (nicht ganz dezent genug, um unbemerkt zu bleiben), der aufmerksam dafür sorgte, dass es niemandem an etwas fehlte, und gleichzeitig seine Gäste unterhielt. Nur nicht langweilen! Walter wusste, dass dies einer der Leitsprüche des Onkels war.

»Mein Onkel rät mir, in seine Fußstapfen zu treten – heißt: Jura zu studieren, Anwalt zu werden.«

Frau Fürst lächelte milde. »Ein solches Studium wäre nicht das schlechteste, und gewiss nicht mit einem Mentor wie Dr. Isidor Geller im Hintergrund.«

Walter lächelte zurück, ein wenig gequält. Ginge es nach ihm, so würde seine Wahl auf ein Literaturstudium fallen. Was wiederum Onkel Isidor durch und durch missfiel. Über Walters selbstverfasste Gedichte schmunzelte Isidor meist. Auch wenn er das Talent seines Neffen durchaus anerkannte. Aber als Beruf ... »Literaturgeschichte?!«, hatte er noch vor einigen Wochen am Familientisch entsetzt ausgerufen. »Da kannst du keine Karriere machen, in diesem Fach gibt es nur Antisemiten. Du wirst Rechtswissenschaft studieren und später meine Kanzlei übernehmen!«

Walters Weg war also besiegelt, mehr noch: Der Onkel hatte alsdann darauf bestanden, mit dem Jungen bei seinem Doktorvater vorzusprechen, bei dem er selbst vor mehr als zwanzig Jahren, noch vor dem Weltkrieg, promoviert hatte.

Der Chauffeur, Herr Pinter, war mit des Onkels Wagen vorgefahren, Neffe und Onkel wurden zu Professor Wlassak geführt, inzwischen ein greiser Mann. Die wenigen Worte, die er für den jungen Walter übrig hatte, klangen wie ein Segen. Er legte seine knochige Hand auf den Kopf des jungen Mannes und sagte: »Werden Sie wie Ihr Onkel.« Damit war er mit seinen Ratschlägen auch schon am Ende. Isidor aber machte ein zufriedenes Gesicht.

Die Jurisprudenz lag Walter eigentlich fern, jedoch wusste er so gut wie all seine Verwandten: Sollte er tatsächlich einmal die Kanzlei Isidors erben, wäre er ein gemachter Mann – es sei denn, er stellte sich wie ein Idiot an.

Das sonntägliche Bankett neigte sich dem Ende zu. Inzwischen war es später Nachmittag geworden, und Frau Fürst hatte es eilig, ihren inzwischen reichlich beschwipsten Mann aus dem Verkehr zu ziehen. Nach und nach erhoben sich die Gäste, Resi und Mizzi standen in der großen Diele mit den Mänteln bereit. Isidor verabschiedete jeden Besucher mit einem kräftigen Händedruck, die Damen mit einem Handkuss. Walter war stets der Letzte, der ging. Denn Isidor wollte jeden Sonntag sehr genau wissen, was sein Neffe unternommen und was er in der Schule gelernt hatte. Walter setzte an, von seinem Lateinunterricht zu berichten, sie übersetzten gerade die *Aeneis,* als Ilona herbeirauschte und ihn unterbrach – sie wollte wissen, was der Onkel heute noch mit ihr zu unternehmen gedenke. Isidor schlug vor, am Abend auf ein Glas Champagner bei Tanzmusik ins Grabencafé zu gehen. Ilona hauchte dem Onkel erfreut etwas ins Ohr und zog sich zu einem Schönheitsschlaf, wie sie es nannte, in die Tiefen des Appartements zurück. Walter stand ein wenig unschlüssig herum, dann gab er sich einen Ruck.

»Onkel Isidor, ich hab ein neues Gedicht geschrieben, willst du es hören?«

»Mein Junge, solange es nicht allzu traurig ist – nur zu.«

Walter holte Luft:

»Kommt zu uns ins BG9!

Nirgends ist es sonst so fein.

Doch nur Juden brauchen wir,
Denn es sind zu wenig hier,
Früher waren wir viel mehr,
Doch wir hatten Einbuß' sehr.
Viele sind davongegangen,
Zu uns kamen Nazirangen;
Alle sind sie deutsche Hunde
Und der Spruch macht nun die Runde:
›Für das Volk der Mazzesfresser
Kommt die Nacht der langen Messer!‹
Weil sie mehr sind als zwei Drittel
Haben sie ein böses Mittel.
Alle Israeliten klagen,
Einen Satz wir alle sagen:
›Juden, Juden, kommet her,
Denn wir brauchen euch gar sehr!‹«

Isidor hatte mit verschränkten Armen und ernstem Gesicht zugehört. Er zögerte kurz, ehe er in die Stille hineinsprach: »Also lustig ist das nicht gerade, mein Junge. Und lass die nur reden, die Leute. Noch nicht mal ignorieren, ist meine Devise.« Offenkundig wollte er das Thema nicht vertiefen.

Schon bald entschuldigte sich der Onkel auch, er müsse noch die Dienstreise nach Prag und Bukarest vorbereiten, die er am nächsten Tag antreten wollte. Als Resi Walters Mantel brachte, erinnerte

Isidor sie daran, welche Anzüge sie zu packen hatte, die Schrankkoffer standen im Ankleidezimmer schon bereit. Und er bat sie, für heute Abend ein Separee im von ihm so geliebten Grabencafé zu reservieren.

Walter bekam eine Umarmung vom Onkel, den Auftrag, seine Mutter zu grüßen – »Küss mir mein Schwesterlein!« –, und schon eilte der Heranwachsende, auch ein kleines bisschen erleichtert, die Marmortreppe hinab.

Kokon 1

Sie waren fünf Geschwister: die Brüder David, Nathan, Rubin, die Schwester Fejge und er, Israel. Diese Namen, das begriff er schon als junger Mann, öffneten keine Türen, sobald es rausging aus dem Schtetl im ostgalizischen Tlumacz. Der jüdische Stempel, den ihnen die religiösen, der alten Orthodoxie anhängenden Eltern mit diesen Namen aufgedrückt hatten, war ein Hindernis. Nein, um hinaus in die große, weite Welt zu gehen, brauchte es auch Namen von Welt.

Als er später zum Studieren nach Wien kam, wurde aus Israel Isidor. David und Nathan behielten ihre Namen. Doch aus Rubin wurde Rudolf, aus Fejge oder Fejgale, nach dem jiddischen Wort für ›Vögelchen‹, Franziska. Dieser Prozess fühlte sich an wie das Schlüpfen aus einem engen Kokon.

Der Vater der fünf Geschwister, Eisik Judenfreund, war ein Talmudgelehrter und verbrachte die Tage mit dem Studium der Heiligen Schrift. Als *Talmid chacham*, also: als ›weiser Schüler‹, hatte er die höchste Auszeichnung des traditionellen Judentums erhalten. Doch was nützte das der Familie? Eisik genoss zwar hohes Ansehen in der kleinen orthodoxen Gemeinde des Schtetls und über seine Grenzen hinaus – jedoch brachte diese Ehre der Familie keinerlei Lohn.

1880 hatte Eisik geheiratet, seine Braut hieß Batja Geller. Beide waren achtzehn Jahre alt und somit im heiratsfähigen Alter, wie es die orthodoxe Tradition vorsah. Eisik wollte allerdings vom Standesamt nichts wissen – für ihn und seine Familie galt der Bund der Ehe allein durch das Wort des Allmächtigen, in den Räumen einer Synagoge. Eine rein konfessionelle Hochzeit wurde jedoch von den Habsburger Zivilbehörden nicht anerkannt. Mit der Konsequenz, dass die fünf Kinder des Paares den Nachnamen der Mutter erhielten: Geller. Offiziell, von staatlicher Seite aus, galten sie als unehelich.

Es war Batja, die für den Unterhalt der siebenköpfigen Familie sorgte. Wie die Frauen in so vielen jüdisch-orthodoxen Familien Galiziens. Jeder Tag begann mit dem Vertrauen, dass der Herr, sein Name war gesegnet, schon irgendwie helfen würde. Jeden Tag ging Batja in der Früh, meist noch im Dunkeln, ins Umland zu den ruthenischen Bauern auf die Felder und kaufte Waren ein, die sie im Schtetl weiterverkaufte. Ab und zu gab die Ziege der Familie genügend Milch her, um auch diese zu verkaufen. Mehr schlecht als recht brachte Batja ihre fünf Kinder und ihren gelehrten, aber mittellosen Mann durch – die Strapazen des Alltags waren ihr ins Gesicht geschrieben. Die Kinder mussten notgedrungen mit anpacken, doch Batja legte gleichzeitig großen Wert auf deren Bildung. Man sprach untereinander Jiddisch, wusste sich auch auf Polnisch, Ruthenisch und Deutsch zu unterhalten. So erforderte es das Leben in dem Vielvölkergemisch des habsburgischen Galiziens.

Mit Ambivalenz schauten die Eltern früh auf die Entwicklung Isidors, damals hieß er noch: Israel. Als Junge schon war er wissbegieriger, ehrgeiziger als die anderen vier Geschwister. Hartnäckiger. Batja begriff schnell, dass ihr Sohn mehr wollte, als ein fleißiger Thora- und Talmudschüler zu werden wie sein Vater Eisik.

Die ersten Jahre seiner Kindheit verbrachte Israel, wie es sich für einen anständigen jüdischen Jungen gehörte, im *Cheder* – in der Talmudschule. Sie bestand aus einem dunklen Raum, die mehr als vierzig Kinder fanden nicht alle Platz an den alten rissigen Schulbänken. Manche standen, manche saßen auf dem kalten Steinboden. Die Luft war stickig und feucht. Vor dem Lehrer, dem *Melamed*, hatten die Jungen, allesamt zwischen drei und neun Jahre alt, großen Respekt. Wurde es allzu unruhig, versetzte sein Gehilfe schon mal den einen oder anderen Hieb mit dem Rohrstock.

Doch das Studium der Thora reichte dem jungen Israel nicht. Kaum dass er zu Hause war, verkroch er sich mit einem mitgebrachten Buch in einer Ecke der kargen Stube und las. Unter einigen der Jungen hatte sich ein reger Tauschhandel weltlicher Lektüren ergeben. Davon durfte allerdings Vater Eisik nichts erfahren – er hielt säkulare Bildung für pure Zeitverschwendung und zudem für verwerflich. Und so verbarg der kleine Israel seine Bücher unter einem Umschlag, der nach religiösen Schriften aussah. Seine Mutter tat so, als merke sie nichts. Vor ihrem Mann betonte sie immer wieder, wie schlau doch der zweitgeborene Sohn sei und dass man dem Jungen die bestmögliche Bildung zukommen lassen sollte. Und sei es eine weltliche.

Den Weg, den Israel später beschreiten sollte, hatte sein Bruder David geebnet.

David war von den fünf Geschwistern der Erste, der ging: Er zog 1905 ins ferne Wien. Ein Bekannter hatte sich bei dem ältesten Sohn der Gellers, dem ruhigen und fleißigen Buchhalter, gemeldet und ihm eine attraktive Stelle als Vertreter in der Hauptstadt angeboten. David, immer schon bedacht und zurückhaltend, erstaunte die Familie, als er zusagte. Die Eltern konnten nur schwer widersprechen, ein solch solides Auskommen war Argument genug, die Heimat zu verlassen. Mit seinem Lohn würde er auch die Familie unterstützen können. Und vielleicht würde sich das großstädtische Treiben günstig auf den introvertierten jungen Mann auswirken.

Seine in Lokutni verbliebenen kleinen Geschwister Fejge, Israel, Nathan und Rubin durften – das setzte Batja allen Wutausbrüchen des Familienoberhauptes Eisik zum Trotz durch – die deutsch-jüdische Schule in Tlumacz besuchen. Und da sich Israel und Rubin besonders lerneifrig zeigten und mit einer schnellen Auffassungsgabe gesegnet waren, sollte ihnen eine weiterführende schulische Bildung zuteilwerden. Außerhalb ihres galizischen Dorfes hatten die Brüder noch nicht viel von der Welt gesehen. Daher kam den beiden Knaben der Weg ins bereits kleinstädtische Kolomea, wo sie das humanistisch geprägte polnische Gymnasium besuchten, wie eine Weltreise vor. Abends wirkten die Eindrücke nach. Beim Einschlafen erzählten die Brüder den Geschwistern, was sie alles in Kolomea gesehen hatten – in den

Auslagen der Schaufenster, an den Marktständen und auf den Straßen des Städtchens. Besonders Fejge, die einzige Schwester, liebte die Erzählungen ihrer Brüder.

Kolomea lag auf halbem Weg zwischen den Metropolen Lemberg und Czernowitz und war der Nabel der Provinz Pokuttya. Etwa 35 000 Menschen lebten hier Anfang des 20. Jahrhunderts, gut die Hälfte davon waren Juden. An die fünfzig Synagogen zählte das Städtchen, darunter die berühmte Jerusalemer Synagoge, die Hoiche Schul, zahlreiche chassidische Betschulen und *Kloizes,* Gebetsräume. Da war die zionistische Synagoge, die gerade erbaute, so moderne Kosov Schul, da war der einflussreiche Rabbiner Hillel Lichtenstein, sein Ruf strahlte weit über die Grenzen Galiziens hinaus. Er war es, der die Debatte zwischen progressiven und orthodoxen Juden beförderte, sie aktiv führte.

In Kolomea waren die Juden ganz selbstverständlich Teil des bürgerlichen, öffentlichen Lebens. Juden besaßen Geschäfte, betrieben Mühlen, Bierbrauereien, Banken – darunter den Jüdischen nationalen Bankverein Zion –, sie hatten Verlage, Ziegeleien, Ölraffinerien, Gerbereien und Webmanufakturen wie die der Familie Shimshon Heller und Söhne. Juden gründeten kulturelle Organisationen, verschiedene Bildungsansätze wurden in den unterschiedlichsten Schulen ausprobiert. Es gab auch ein jüdisches Krankenhaus. Und sie mischten politisch mit, zeitweise war mehr als die Hälfte des städtischen Rates mit Juden besetzt. Fast zwanzig Jahre lang, in den letzten Jahrzehnten des 19. Jahrhunderts, war ein jüdischer Jurist Bürgermeister von Kolomea, Maximilian Trachtenberg. Andere angesehene Juden bekleideten nicht nur wichtige Ämter der Stadt, sie waren sogar als Abgeordnete im k. u. k Parlament in Wien vertreten.

Kolomea nannte einen der höchsten Rathaustürme der Region sein Eigen, Kaffeehäuser und Hotels belebten das Treiben rund um den zentralen Marktplatz. Dort lag das große Bekleidungsgeschäft der Familie Horn, wo Fejge zu ihrem zwölften Geburtstag ein besonderes Kleid für den Synagogenbesuch bekam, denn es hieß, sie sei nun eine Frau. Bei dieser Gelegenheit hatte das Mädchen auch das Schaufenster der modischen Herren- und Damenausstatter Y. Nadler und K. Ramler bewundert und das der Schneiderei Kesten & Aizner. Neugierig blickten die Geller-Kinder im Vorbeigehen durch die Fenster des beliebten Restaurants Gambrinus der Familie Rottenberg. Hier tischte man feine koschere Küche auf, Geschäftsleute trafen sich zum Mittagstisch, am Abend tafelten Familien. Restaurantbesuche waren für die Gellers undenkbar. Man war froh um das Essen, das abends auf dem Tisch stand. Ein Wunder, was Batja jeden Tag aus dem wenigen zauberte.

Oft strichen Israel und Rubin nach der Schule noch in den Gassen der Stadt umher, drückten sich die Nasen an den Schaufenstern platt und lasen liegen gelassene Zeitungen in jiddischer Sprache, die sie nach Hause mitnahmen. Ein Stück der großen weiten Welt sollte auch in das ärmliche Familienleben einziehen. Da sie beide gute Schüler waren, verdienten sie sich mit dem Erteilen privater Nachhilfestunden ein wenig dazu und durften das Geld – nach langen Diskussionen mit dem Vater – behalten und sogar ein wenig ansparen. Einmal gingen sie davon heimlich essen: nicht ins vornehme Gambrinus, sondern in das kleine Restaurant der Familie Cohen. Bei Shmiel, so hieß die dunkel wirkende Kaschemme. Schwer arbeitende Männer kehrten hier in der Mittagspause mit ölverschmierten Gesichtern, rissigen Pranken und verdreckten Kitteln ein und schlangen jüdische Hausmannskost für ein paar Heller herunter. Israel und Rubin setzten sich an einen Tisch in der Ecke und beobachteten die dicke Wirtin, die den Gästen mit Schweißperlen auf der Stirn die riesigen Portionen vor die Nase setzte. Im

Gurt ihrer Schürze steckte ein alter, ehemals weißer Stofffetzen, mit dem sie, sobald ein Tisch frei wurde und abgeräumt war, schwungvoll über das Holz wischte. Sowohl das durcheinandergewürfelte Mobiliar als auch Besteck und Geschirr hatten schon bessere Tage gesehen. Durch ein kleines Fenster zur Küche konnte man gewaltige gusseiserne Töpfe auf offenem Feuer erspähen. Der Koch, Shmiel Cohen, stand mit hochrotem Kopf im Küchendampf und rührte mit großen hölzernen Löffeln in den Massen von *Tscholent* – die Spezialität des Hauses. Ein sättigender Schabbateintopf, bestehend aus weißen Bohnen, Suppenfleisch, Kartoffeln, Graupen, Rüben, Zwiebeln, Eiern und, wenn es etwas Besonderes sein sollte: *Kishkes,* gefüllter Darm.

Hinter dem Tresen stand ein altes Mütterchen, Shmiels Mutter, klein und hutzelig, sie bediente die hochmoderne Kaffeemaschine – die eigentliche Attraktion des Lokals. Silberblitzend und wuchtig stand sie auf dem Tresen. Es handelte sich, so erzählte man, um eine neue Erfindung aus dem fernen Italien. An den Hebel kam Frau Cohen nur mithilfe einer wackeligen Holzkiste, die sie jedes Mal, wenn ein Kaffee bestellt wurde, stöhnend herbeischaffte. Dann kletterte sie hinauf, streckte die Arme empor, hängte sich mit ihrem ganzen Gewicht an den langen Hebel, und kurz darauf mischte sich Kaffeeduft in die schweißgetränkte Luft. »Auf den Olymp steigen«, nannte die alte Frau Cohen stöhnend dieses sportliche Unterfangen, das sie zigmal am Tag vollführte.

Der schwache Ventilator an der Decke gab bei jeder Umdrehung ein Ächzen von sich, er schien vor allem dabei zu helfen, die Spinnweben zu verteilen. Dieser erste Restaurantbesuch war für die Jungen ein wahres Abenteuer. Israel, der stets ein Einstecktuch trug, zog es mit spitzen Fingern aus der Brusttasche seines Sakkos, als ihnen das Essen serviert wurde, und breitete es als Serviette auf seinem Schoß aus. Als Rubin gierig mit seiner Gabel in den großen Tscholenthaufen langen wollte, ermahnte ihn sein großer Bruder, dass vor jedem guten Mahl zunächst angestoßen werden müsse. »Stil hat man oder hat man nicht«, das habe nichts mit Geld zu tun. Dazu gehöre auch das Speisen mit Gabel *und* Messer. Und ein ordentliches Trinkgeld, behauptete der junge Israel weltmännisch.

Eine weitere Sensation war für die beiden Heranwachsenden die mit Dampf betriebene Kolomeaer Lokalbahn, die erst einige Jahre zuvor den Betrieb aufgenommen hatte, als in der Nähe der Stadt eine Erdölquelle entdeckt wurde. Es tat sich was auf diesem Fleckchen Erde. Ungeheuerlich!

An ein Zurück war von nun an nicht mehr zu denken. Die Matura auf dem polnischen Gymnasium in Kolomea bestand Israel glänzend. Und als beide Brüder volljährig waren und die Schule beendet hatten, machten sie sich auf in die nächstgrößere Stadt: Lemberg. Hier wollten sie sich niederlassen und an der Universität einschreiben.

Lemberg war immerhin die fünftgrößte Stadt des Habsburger Vielvölkerreichs, nach Wien, Budapest, Prag und Triest – und eine Offenbarung: Hier gab es Kinos, Theater, Konzertsäle. Lemberg hatte, als eine der ersten Städte Europas überhaupt, Gaslaternen an den Straßenrändern. Und Zeitschriften und Debattierklubs in einer Vielzahl von Sprachen. Polen, Juden, Ukrainer, Armenier, Russen – ein jeder fand in Lemberg ein großes Angebot. Natürlich gab es auch und gerade hier jede Menge Reformjuden, man erkannte sie sofort, elegant und modisch, wie sie gekleidet waren. Unter ihren Gehröcken trugen sie blütenweiße, gestärkte Hemden. Ein ganz anderes Judentum, ein weltlich gelehrtes, eines, das sich an den Fragen der Zeit orientierte.

Doch so bunt und interessant Lemberg war: Die Träume des jungen Israel gingen noch weiter. Wenn er am prachtvollen Lemberger Bahnhof vorbeikam, der gerade erst 1904 fertiggestellt worden war, versuchte er, einen Blick in den Wartesaal für die Rei-

senden der 1. Klasse zu erhaschen. Die geschwunge-
nen Kandelaber, die großen Spiegel, Vergoldungen
und weichen, mit duftendem Leder gepolsterten
Sofas und Sessel – sie machten den Saal in den Augen des jungen Mannes zu einem Salon, zu einem
eleganten Vorhof in eine andere Welt. Eine Welt,
die, das fühlte Israel, noch so viel mehr zu bieten
hatte als das, was er bisher kennengelernt hatte.

1908 überzeugte Israel nicht nur seinen Bruder Rubin davon, mit ihm gemeinsam David nach Wien zu
folgen. Er legte vor allem seiner Mutter diese Entscheidung dar und warb bei ihr für Verständnis.
Batja hatte nun die schwierige Aufgabe, dies alles ihrem Mann zu erklären. Auch der jüngste Sohn, Nathan, hatte vor, sich den älteren Brüdern anzuschlie-
ßen. Zurückbleiben würden lediglich die Eltern und
die so früh verwitwete Fejge mit ihrem Sohn Munio.

So gelangte Israel mit seinen Brüdern 1908 als
junger Mann von 22 Jahren in die Donaumetropole. Selbstbewusst und fest entschlossen, seinen
Weg hier zu finden. Etwas zu werden.

Der größte Schritt in seinem noch so jungen Le-
ben sollte auch an seinem Namen deutlich werden.
Als Israel in Wien aus dem Zug stieg, stand seine
Entscheidung fest: Fortan nannte er sich Isidor.
Manches Mal Innozenz. Oder aber Ignaz.

Kokon II

Als die einzige Schwester – Fejge, die sich am liebsten mit der deutschen Sprache befasste – ins heiratsfähige Alter gelangte, überkamen sie immer wieder Momente der Angst. Sie wusste nur allzu gut, dass ihre Familie nicht in der Lage sein würde, ihr eine ansehnliche Mitgift in die Ehe zu geben. Das schmälerte ihre Chance auf eine gute Partie. Was für einen Mann würde der *Schadchen*, der jüdische Heiratsvermittler, für sie wohl aussuchen? Ihre Erwartungen waren gering. Umso erstaunter war sie am Tag der Hochzeit, als sie ihn zum ersten Mal sah: Siegmund Rudolf war ein stattlicher, durchaus attraktiver Mann im besten Alter mit seinen 27 Jahren – kein buckliger Greis, wie sie befürchtet hatte. Und er hatte noch dazu einen soliden Beruf als Landvermesser. Auch sein Name gefiel ihr. Wie war es zu einer solch ausgezeichneten Partie gekommen in Anbetracht der eher bescheidenen Voraussetzungen, der fehlenden Mitgift? Es sollte sich schnell zeigen.

Das frischvermählte Paar zog in den Westen Galiziens, nach Delatyn. Fast die Hälfte der kleinstädtischen Bevölkerung waren Juden. Der Ort begann sich gerade erst wieder wirtschaftlich aufzurappeln, nachdem 1893 die Cholera gewütet und viele Menschen das Leben gekostet hatte. Wegen der Seuche hatten die Reichen die Stadt verlassen und sich zahlreiche Juden in das *Gelobte Land* aufgemacht. Der Zionismus war eine Verheißung, die Anhänger Theodor Herzls suchten die Gemeinden Galiziens auf, um über die neue Heimstätte für das jüdische Volk zu berichten. Manch einer schloss sich der neuen Bewegung an, die gerade in Krisenzeiten eine veritable Alternative bot. Nun aber, man schrieb das Jahr 1903, mit Beginn des neuen Jahrhunderts, siedelten sich wieder Bürger und Geschäftsleute in Delatyn an, man begann, Straßen zu befestigen, der Handel kam wieder in Schwung. Und so genoss Fejge in Delatyn, fern ihrer Familie, ein eigenes Leben. In ihrer bescheidenen Wohnung sollte es anders aussehen als in ihrem Elternhaus, nicht so karg und unwohnlich wie in den meisten jüdischen Haushalten der Gegend. Sie wollte es den christlichen Bauern gleichtun und vor den Fenstern Blumen pflanzen, trotz undichter Türen und Rissen in den Wänden das eine oder andere Bild aufhängen, einige Bücher, die sich in ihrem

Besitz befanden, auf einem Regal unterbringen, das wenige Porzellan so anordnen, dass der Anblick Freude bereitete. Fejge nähte aus Stoffen, die sie auf dem Wochenmarkt fand, Kissenbezüge und Überwürfe, Gardinen und Tischdecken. Viel war es nicht, was sie besaß, aber sie hatte einen ausgeprägten Sinn fürs Schöne, träumte von Dingen, über die sie in Romanen las: elegante Kleider, schönes Besteck, Vasen, Geschirr, gestärkte Servietten, Porzellanstatuetten. Gegenstände, die den Alltag erquicklicher machten, auch wenn sie überflüssig waren. Warum nur ging den Menschen um sie herum das Gespür für derlei ab? War es, weil die meisten von ihnen wussten, dass nichts von Dauer war? Dass man als Jude immer darauf gefasst sein musste, gewaltsam verjagt zu werden, gezwungen zu sein, irgendwo einen Neuanfang zu wagen, sich also nicht zu sehr binden wollte an Orte und Dinge? Die Erfahrung vieler Familien war genau diese. »Lediglich was man im Kopf hat, das kann einem keiner nehmen«, pflegte Mutter Batja zu sagen.

Nur der Freitagabend und der Samstag hatten dem Leben im Elternhaus ein wenig Farbe und Festlichkeit verliehen. Am *Schabbat* war alles still, das Haus erglänzte im warmen Schein der Silberleuchter, der wurmstichige Esstisch wurde mit einem weißen gemangelten Leinentuch bedeckt. Eine Spur von Andacht und Würde und der Geruch der *Challah,* des traditionellen Hefezopfs, erfüllten das Haus, man kam in Schabbatkleidung zusammen und aß und trank dazu einen Schluck Wein. Aber auch jenseits dieses wöchentlichen Rituals wollte Fejge Schönheit in ihr neues Heim einkehren lassen.

Kraftlos und körperlich nicht besonders ausdauernd war ihr Ehemann Siegmund von Beginn an, er brauchte viel Ruhe und Schonung, das war ihr schon bald aufgefallen, nachdem sie sich bei der Hochzeit unter der *Chuppah,* dem Traubaldachin, der kleinen chassidischen Synagoge in Delatyn das erste Mal begegnet waren. Siegmund Rudolf hatte einen Herzfehler. Das also hatte die Partie überhaupt erst möglich gemacht. Zu große Anstrengungen konnten sein Leben gefährden. Seit Kurzem hatte er auch noch begonnen, Blut zu spucken. Schnell wurde klar: Siegmund litt an Tuberkulose. Er wurde arbeitsunfähig. 1904 brachte Fejge einen Sohn zur Welt, Munio. Siegmunds Gesundheitszustand verschlechterte sich dermaßen, dass er dem Säugling wenig Aufmerksamkeit schenken konnte – nur ein Jahr nach der Geburt seines Sohnes starb er. Unter dem Gebet des Oberrabbiners von Delatyn, Menachem Mendel bar Uri Yisroel Aug, wurde Siegmund Rudolf 1905 begraben und fand auf dem jüdischen Friedhof seine letzte Ruhe.

Fejge stand nun allein da. Jung, verwitwet, mit einem kleinen Kind. Wollte sie eine Chance haben, ihr Leben irgendwie zu meistern, so musste sie aufbrechen. Hinaus aus der Enge des Schtetls, des Chassidismus, weg von den familiären Zwängen und Plänen, sie schnell wieder unter die Haube zu bringen. Nun war ihre Ausgangslage noch schlechter als zuvor – wer weiß, wen ihr der *Schadchen* dieses Mal zugedacht hätte?

Aufbrüche

Die Welt jenseits des Schtetls war im Wandel begriffen. Allerorten entstanden neue Eisenbahnlinien, man las von unerhörten technischen Erfindungen: dem Zeppelin, dem Aspirin, einem Kinemacolor-Film in Farbe. Es herrschte Aufbruchstimmung. Und wenn diese schon nicht mehr Batja Geller selbst betraf, so sollten wenigstens ihre fünf Kinder etwas von der neuen Welt haben, die da draußen wartete.

Batja und Eisik wussten, dass die Kinder die Artikel und Bücher von Karl Emil Franzos geradezu aufsogen. Halb spöttisch bezeichnete der gebürtige Galizier Franzos die Heimat in seinen Reportagen als wildes »Halb-Asien«. Seit Jahr und Tag verfocht Franzos seine Ideen der Anpassung. Seine Parole lautete: Raus aus den düsteren Ghettos, aus der Trostlosigkeit und dem Zwang der Orthodoxie, hinein in die Weltlichkeit, in die mitteleuropäische, also: die deutschsprachige Kultur!

Die Diskussionen zwischen Orthodoxen, Chassidim und den Anhängern des Reformjudentums wurden in den größeren Ortschaften Galiziens lautstark ausgetragen. Neben den chassidischen Synagogen gründeten sich immer mehr reformierte Tempel und Bethäuser, in denen man nicht mehr in Kaftan und langem Bart ein und aus ging, sondern in Gehrock, Zylinder und gestutzten, mit Pomade geformten Bärten. Ganz ohne Schläfenlocken. Was manchen als stupide Modeerscheinung erschien, veranschaulichte für andere die große Idee eines modernen, angepassten europäischen Judentums in der Mitte der Gesellschaft. War es nicht eine logische Konsequenz aus der politischen Entwicklung der Habsburger Monarchie, in der Juden ohnehin nicht als eigene Nation galten, sondern schlicht als Religion? Und war es nicht bereits seit Kaiser Joseph II. Realität, dass in den von ihm errichteten jüdischen Grundschulen auf Deutsch und nicht auf Jiddisch unterrichtet wurde? Auch die Privatstiftung des Maurice de Hirsch unterstützte in ganz Galizien den Schulbau für jüdische Jungen und Mädchen großzügig. Mit akzentfreiem Deutsch und einer soliden Bildung im Gepäck ließ sich einiges werden, so die Überzeugung der Haskala-Reformjuden, die den aufklärerischen Ansätzen eines Immanuel Kant und Moses Mendelssohn folgten.

Doch für jüdische Mädchen und Frauen lauerte in dieser Aufbruchstimmung auch Gefahr. Jede Menge Scharlatane und halbseidene Typen waren unterwegs, um naive Mädchen mit fantastischen Schilderungen einer verheißungsvollen Zukunft ins Ausland zu locken, in europäische Hauptstädte oder gar ins ferne Südamerika. Von dort schickten sie Geld nach Hause zu ihren armen Familien, die ihre Töchter in Sicherheit und einer guten Stellung glaubten. Viele von ihnen landeten in Bordellen.

Über diesen Menschenhandel konnte man in den Jahren um 1900 fast täglich in den Zeitungen lesen. In Buenos Aires etwa wurden die Mädchen gleich nach ihrer Ankunft am Landungssteg meistbietend versteigert, man nannte sie im Milieu ›Austríacas‹. Aus Galizien, Ungarn und Böhmen wurden jährlich an die 1500 Mädchen verschleppt. Fejge wusste dank ihres älteren Bruders David, der bereits in Wien lebte, dass sie sich vor Herren vorsehen sollte, die sich als »Exporteure für den Orient« ausgaben.

Auch in Galizien selbst machten mittlerweile die schrecklichsten Geschichten von Betrug, Erpressung und Ausbeutung, von Unsitte und Gewalt in den Frauenabteilungen der Synagogen die Runde. Dennoch ließen sich Eltern, die ihre vielen Kinder kaum ernähren konnten, in Versuchung führen, wenn Anwerber in ihr Haus kamen, um für die Töchter angeblich solide Anstellungen im Ausland zu beschaffen. In besonders armen Familien war es sogar zu Fällen von Kinderkäufen gekommen, wie Fejge gehört hatte.

Jüdische Wohlfahrtsverbände aus dem Ausland engagierten sich in Galizien, klärten auf und warben dafür, Bildungseinrichtungen zu schaffen und jüdischen Mädchen solide Berufsausbildungen vor Ort zu ermöglichen. Nur spärlich kam Bewegung in die Sache – es herrschte auf dem Land einfach zu viel Misstrauen gegenüber allem, was weltlich daherkam, und so tappten nach wie vor viele Mädchen in die Menschenhändlerfalle. Sie wollten den Gerüchten nicht glauben, versprachen sich einen *Gan Eden,* das Paradies, und wollten um alles in der Welt herauskommen aus der Armut im galizischen *Gehinnom,* der Hölle.

Die frischverwitwete Fejge hatte inzwischen einen Entschluss gefasst: Einen Schritt zurück machen, wieder um eine gute Partie bangen, wieder einen Mann an ihrer Seite akzeptieren, den sie vorgesetzt bekam und nicht liebte – nein, das wollte sie auf keinen Fall. Und darum musste sie schleunigst einen Beruf erlernen.

Viel Auswahl bot sich ihr nicht. Für jüdische

Frauen ihres Standes, ihrer Situation, gab es wenig Möglichkeiten. Die in der Nähe ansässigen Fabriken suchten zwar immer wieder junge Frauen, sei es in der Federsortiererei, in der Strumpfstrickerei oder der Haarnetzindustrie. Doch Fejge hatte von elenden Zuständen gehört, von Lohndrückerei und unwürdigen, unhygienischen Arbeitsbedingungen. Sie wollte etwas finden, was sie weiterbringen würde, womit sie auch in einer anderen Stadt oder gar in einem anderen Land eine eigene Existenz aufbauen konnte. Ihre Zukunft sah sie nicht mehr im Schtetl.

Nach dem Tod ihres Mannes machte sich Fejge auf nach Lemberg, wo inzwischen Israel und Rubin lebten und studierten. Fejges beruflicher Traum stand schnell fest: Modistin, Hutmacherin wollte sie werden. Ohne Hut ging schließlich kein Mensch auf die Straße, egal, welchen Standes. Und eine Dame der feinen Gesellschaft brauchte für jede Saison einen neuen Kopfschmuck. Fejge selbst erfreute sich, seit sie ein Mädchen war, am Anblick gut angezogener Menschen und schöner Kleider, auch wenn diese in ihrer Kindheit unerschwinglich waren. Doch selbst damals hatte Mutter Batja Wert darauf gelegt, dass ihre Kinder sauber und ordentlich gekleidet waren und keine *Schmattes*, Lumpen, am Leibe trugen.

Mit einer Ausbildung zur Modistin erhoffte sich Fejge auch, eine schnelle Anstellung zu finden. Von einem eigenen Atelier wagte sie noch nicht zu träumen. Dennoch, es gab eine Idee, eine Richtung, einen Lebenstraum. Und auch dieser begann mit einem neuen Namen: Aus Fejge wurde Franziska.

Die Änderung ihres Namens kam einer Transformation gleich, man konnte sie ihr regelrecht ansehen. Anders ging sie nun durchs Leben, in ihrem Blick lag ein »Ich will« – der Aufbruch in eine neue Lebenswelt, in eine Ausbildung, die sie wirklich interessierte, gab ihr Kraft nach all der Trübsal und dem Leid, das sie bisher ertragen hatte.

Die Konfrontation mit den Verwandten, vor allem mit dem Vater, war vorprogrammiert. Die Namensänderung nicht nur Fejges, sondern der Mehrzahl der Geller'schen Kinder war eine Kränkung. Der alte Eisik sah darin gar einen Verrat an der Herkunft – eine solche Assimilation konnte er nicht gutheißen. Vor seinen Mitgelehrten im *Cheder* verschwieg er die Schmach lieber. Die Mutter, Batja, verstand ihre Kinder schon eher. Sie sollten es schließlich besser haben als sie selbst. Dazu mussten sie raus in die Welt, ihre Neugier stillen, einen ehrbaren Beruf finden. Und wenn eine Namensänderung dafür dienlich war, dann war es eben so.

Das hatte sie im Laufe der Jahre schmerzlich erfahren, antisemitische Sticheleien und Anfeindungen waren in allen Teilen der Gesellschaft gegenwärtig. Immer wieder hörte man im Schtetl von Pogromen, vor allem die aus Russland geflüchteten Juden berichteten Schlimmes. Es brauchte also Strategien.

Fejge, nun Franziska, ließ sich nicht beirren. Mit der Unterstützung ihrer Mutter Batja, die den kleinen Munio an Werktagen zu sich nahm, begann sie ihre Modistinnen-Ausbildung. Als ihre Lehrzeit abgeschlossen war, die sie mit Auszeichnung absolvierte, und David ihr den Vorschlag machte, ebenfalls zu ihm nach Wien zu übersiedeln wie die jüngeren Brüder, zögerte Franziska nicht lange.

Vater Eisik verstand die Welt nicht mehr – all seine Kinder wollten Galizien verlassen, was war nur in die Jugend gefahren? Auch seine Frau Batja schien immer mehr Gefallen an der Idee eines Umzugs in die k.u.k. Metropole zu finden. Zumal es David als Vertreter bei der englischen Firma ausgezeichnet ging. Seine Briefe nach Hause enthielten nicht nur Geld, sondern auch jedes Mal eine kolorierte Postkarte mit einer Sehenswürdigkeit Wiens, die sich Fejge immer wieder anschaute, die Beschreibungen der prachtvollen Bauwerke kannte sie bereits aus ihrer so geliebten Reiseliteratur – sie konnte sich an den Karten nicht sattsehen.

Nach vielen Debatten und Zankereien konnte Batja Eisik davon überzeugen, dass sie die Tochter zunächst nach Wien begleiten und für den kleinen Munio sorgen würde, der sich zu einem äußerst lebhaften und eigenwilligen Kind entwickelte. Es galt, die Tochter zu unterstützen bei ihrem großen und nicht ungefährlichen Schritt in die Großstadt. Nur vorübergehend. Mürrisch ließ Eisik die beiden weiblichen Mitglieder seiner Familie von dannen ziehen. Es blieb ihm nichts anderes übrig.

Das Bild des Vaters, das sich in Franziskas Gedächtnis einbrannte, war das eines verbitterten alten Mannes, der hohlwangig und blass in seinem abgewetzten Kaftan am Eingang des Hauses stand, sich mit der einen Hand am niedrigen Dach, das gleich über der Eingangstür endete, festhaltend. Mit der anderen stützte er sich auf einen Stock, mit dem er einst auch dann und wann seine Kinder gezüchtigt hatte. Es war das letzte Mal, dass Franziska ihren Vater und das Schtetl sehen sollte. Der Abschied in diesem Jahr 1910 fiel ihr nicht sonderlich schwer.

Wiener Lehrjahre

Der imposante Universitätsbau bot Isidors Neugier und Wissbegierde den angemessenen Raum, sich zu entfalten. Vieles war hier für ihn neu: Seit Kurzem waren auch Frauen an der Universität Wien zugelassen, zumindest in der Philosophischen Fakultät und der Medizin. Auf der einige Jahre zuvor fertiggestellten Ringstraße reihte sich ein prächtiges Gebäude an das nächste, Paläste zeugten von der Größe und Macht des Reiches, die ihm erst jetzt – weit weg von seiner galizischen Heimat – so recht bewusst wurden. Wie wenig war doch diese neue Umgebung vergleichbar mit seinem früheren Leben in Dunkelheit, fernab der Zivilisation – so kam es ihm nun jedenfalls vor. Wenn er an der Oper vorbeikam, der Hofburg, den Museen, dem Rathaus, dem Burgtheater, fühlte er sich jeden Tag aufs Neue bestätigt, das Richtige getan zu haben, als er sich aufmachte in die Donaumetropole, die mit ihren zwei Millionen Einwohnern die sechstgrößte Stadt der Welt war.

Im Jahr von Isidors Ankunft, 1908, fand in Wien die große »Kunstschau« statt. Eine Gruppe von Künstlern um Gustav Klimt, darunter Koloman Moser und der Architekt Josef Hoffmann, gestaltete am Schwarzenbergplatz eine monumentale Ausstellung im Rahmen der Festivitäten zum sechzigjährigen Thronjubiläum von Kaiser Franz Joseph. Die Schau war Stadtgespräch, laut Isidors Kommilitonen ein Ereignis, das man sich nicht entgehen lassen durfte. Isidor überzeugte seinen Bruder David, bei dem er in der ersten Zeit in Wien wohnte, mit ihm gemeinsam hinzugehen. Der zögerte zunächst, er war eher ein Bücherwurm und Stubenhocker, ließ sich jedoch von der Neugier seines jüngeren Bruders anstecken.

Während David sich angestrengt in einzelne Exponate vertiefte, lief Isidor fasziniert durch die Räume, schlichtweg überwältigt von so viel Schönem und Neuem. David war zwar ungemein belesen, besuchte auch ab und an wissenschaftliche Vorträge in der Urania, besaß aber wenig Sinn für Kunst. Isidor hingegen war dafür empfänglich, er spürte ganz deutlich, wie sich in der Wiener Luft der Aufschwung der Moderne und der Glanz des alten Habsburgerreichs vermischten, wie die Donaumetropole alle Strömungen, Mentalitäten und Kulturen vereinte, sie anzog und zu etwas Aufregendem verschmolz. Isidor wollte Teil dieser Dynamik, dieses Sogs sein.

Jeder Platz, jede Gasse, jedes Gebäude atmete hier Kultur: Bei Fürst Lichnowsky, dem großen Mäzen, hatten Mozart und Beethoven konzertiert, am Theater an der Wien war *Fidelio* uraufgeführt worden, bei den Esterházys war Haydn zu Gast, im Palais Schwarzenberg erklang zum ersten Mal seine *Schöpfung*. Dazwischen die altehrwürdigen Bauten der Hofburg, die glanzvollen Fassaden und üppig ausgestatteten Geschäfte – Weltgeschichte und Geschmack. Das gefiel Isidor.

Wie auch die kaum zu überschätzende Bedeutung dessen, was auf den Spielplänen der zahlreichen Theater- und Opernhäuser stand. Das Repertoire interessierte jeden Wiener, jede Wienerin, erstaunlicherweise schien es dabei keinerlei Rolle zu spielen, ob man tatsächlich ins Theater und die Oper ging oder nicht. Das Bühnenleben der Stadt war stets Gesprächsstoff, ob beim Barbier, unter Studenten oder einfachen Lastenträgern. In den Auslagen der Papiergeschäfte konnte man die Bilder berühmter Sänger und Schauspielerinnen bewundern. Isidor kannte einige dieser Sammelbilder bereits aus seiner Schulzeit. Ein Mitschüler aus Kolomea bekam sie von seiner Verwandtschaft aus Wien zugeschickt, worum ihn seine Freunde beneideten.

Die Bühne war in Wien mehr als ein Ort der Unterhaltung, wie Isidor schnell begriff: Sie war ein Leitfaden des guten Benehmens, der Konventionen, der Mode und des Zeitgeistes, sie spiegelte das Große im Kleinen, denn ganz Wien war eine Bühne mit ansteckender Lust am Auftritt. Wer wollte sich schon mit Politik herumschlagen, viel lieber widmete man sich den schönsten Nebensächlichkeiten der Welt. Wie anders war doch diese Lebensauffassung gegenüber dem, was Isidor in seiner Kindheit erlebt hatte. Wenn auch das Geistige im orthodoxen Judentum eine große Rolle spielte, so hatte es doch nichts mit dem zu tun, was er hier kennenlernte: Verführung, Leichtigkeit, Sinnlichkeit.

Und so begann auch Isidor, regelmäßig ins Theater zu gehen. Die günstigen Stehplätze konnten sich auch die kleinen Leute und Studenten wie er leisten. Er besuchte das Hofburgtheater am Ring, aber ganz besonders faszinierte ihn die Oper. Musik, Gesang, Stimmen – er war tief berührt von den großen Erzählungen und Gefühlen, die Mozart, Verdi, Rossini, Puccini und Offenbach so treffend in Töne gebannt hatten. Kostüme und Kulissen, der Aufwand, der betrieben wurde, um Menschen von Menschen zu erzählen, von deren ureigensten Empfindungen und Regungen, ließen ihn erschaudern.

In der Oper und im Theater konnte er, abgesehen vom Kunstgenuss, auch Gesellschaftsstudien betreiben, die Aristokratie und die sogenannte gute Gesellschaft beobachten: höhere Beamte, Industrielle, alteingesessene Familien und den »kleinen Adel«.

Interessiert nahm Isidor auch zur Kenntnis, wie viele Juden sich im Kulturleben der Stadt tummelten. Viele von ihnen hatten, wie er, ihre Namen geändert. Dennoch war weithin bekannt, wer dem mosaischen Glauben entstammte. Da waren etwa die Komponisten Karl Goldmark, Gustav Mahler, Arnold Schönberg, Emmerich Kálmán, Leo Fall oder Oscar Straus. Da waren der Dichter und Dramatiker Hugo von Hofmannsthal, Arthur Schnitzler mit seinen überaus populären Schauspielen und Erzählungen, da war der große Regisseur und Theatermann Max Reinhardt – ganz zu schweigen von den neuen Wissenschaftlern um Sigmund Freud, der mit seiner Psychoanalyse für so viel Aufsehen und Skandale sorgte.

In Wien schien es in der Kunst kaum eine Rolle zu spielen, welcher Konfession man angehörte. Und Isidor merkte bald, wie viel die Stadt den jüdischen Künstlern verdankte: Durch den Hof und die Aristokratie allein, durch die christlichen Millionäre der Stadt, die sich meist mehr für die Jagd und Rennställe interessierten, hätte Wien niemals die Stellung einer internationalen Kulturmetropole erlangt. Auch das Publikum bestand zu einem wichtigen Teil aus einer jüdischen Bourgeoisie, die ins Theater und ins Konzert ging, neue Bücher und Bilder kaufte, Ausstellungen besuchte und so Neues ermöglichte. Sie hatte hier einen Raum gefunden, den ihr keiner streitig machte. Vorläufig.

Nach seiner Ankunft in Wien hieß es für Isidor zunächst: lernen, studieren, schaffen – etwas werden. Aus den Studienbuchblättern der Jahre 1908–1912, den sogenannten *Nationalen,* die sich im Archiv der Wiener Universität finden, lässt sich sein Curriculum nachvollziehen. Er belegte die obligatorischen Seminare des Jurastudiums – Römisches Recht, österreichische Staatslehre, österreichisches und deutsches Strafrecht, zivilgesellschaftliche Verfahren, Völkerrecht. Hinzu kamen Vorlesungen in Ökonomie, Volkswirtschaftslehre und praktischer Philosophie, Reichs- und Rechtsgeschichte. Jedes Semester musste er persönliche Angaben zu seiner Person machen, Geburtsdatum und -ort angeben, seine aktuelle Adresse, den Ort der Matura und den Beruf des Vaters. Doch: Was schreibt man über einen Vater, der den ganzen Tag die Thora studiert und betet, wie es Eisik Judenfreund ein Leben lang tat? In den Einträgen Isidors steht als berufliche Bezeichnung: »Privatbeamter«.

Wenn Isidor nicht für die Prüfungen paukte, sah er sich gerne in den vielen Kaffeehäusern um. Am liebsten ging er ins Café Fröhlich in der Josefstadt, es wartete mit einer großen Auswahl von Zeitschriften aus aller Welt auf. Hier oder im Café Central oder im Schwarzenberg konnte er sich über alles, was die Welt derzeit interessierte, informieren, hier trafen sich Intellektuelle, Künstlerinnen, Architekten, Literaten, Mediziner, Musiker, Gestalter, hier konnte man sich bei einer Tasse gutem Kaffee oder auch mal einem Gläschen Sekt solange man wollte aufhalten, mit Menschen ins Gespräch kommen. Isidor traf dort Kommilitonen und knüpfte Kontakte, die sich für sein späteres Berufsleben als nützlich erweisen sollten – genauso wie im renommierten Wissenschaftlichen Club, dem er beitrat, in dem Forscher aus allen Bereichen ihre neuesten Erkenntnisse vorstellten.

Für seinen Lebensunterhalt brauchte Isidor zunächst nicht viel, denn er war bei seinem Bruder David untergekommen. In Lokutni hatte man zu dem ältesten Sohn aufgeschaut, der der daheimgebliebenen Familie jeden Monat einen Teil seines Gehaltes zukommen ließ. Nur widerwillig hatte Eisik zugegeben, dass David es doch sehr gut getroffen hatte. Und dennoch eingewandt, dass sein Erstgeborener – wäre er in der Heimat geblieben – sicherlich schon längst verheiratet wäre und eine Familie hätte. Anstatt als eigenbrötlerischer Angestellter allein in Wien zu hocken. Erfüllung sah für den Vater anders aus. Doch seine Kinder waren längst in ein neues Zeitalter aufgebrochen. Es machte Eisik Angst. Und er sorgte sich um die jüdischen Traditionen. Wer würde sie aufrechterhalten, wenn sich alle so egoistisch verhielten wie sein Nachwuchs?

Isidor hatte kein Interesse daran, seinem Bruder auf der Tasche zu liegen – das war seine Art nicht. Schon zu Studienzeiten begann er, als Sekretär im Ledergroßhandel zu arbeiten. Kaffeehausbekanntschaften hatten ihm zu dieser Anstellung verholfen. Übergangslos arbeitete er nach seinem Studium im Jahr 1913, nun promoviert als Dr. jur. Isidor Geller, dort weiter – und stellte sich offenbar geschickt an. Bereits als seine Mutter Batja mit Franziska und dem kleinen Munio zwei Jahre nach ihm in der Stadt ankam, konnte er für die drei eine kleine Wohnung unweit des Nordbahnhofs anmieten und sie fürs Erste finanzieren, solange Franziska damit beschäftigt war, ihren kleinen Modistinnensalon in der Wohnung einzurichten. Bald fand sich, dank Isidors Kontakten, erste Kundschaft ein. Franziska verstand es, Gastfreundschaft und Stil mit Geschäftssinn zu verbinden. Ihr Kundenkreis vergrößerte sich rasch.

Auch Isidor stieg beruflich schnell auf, übersprang sogar einige Sprossen auf der Karriereleiter und wurde binnen kurzer Zeit zum Direktionssekretär der »Einkaufs-, Verkaufs- und Kreditgenossenschaft der Vereinigten Sohlen- und Riemenlederfabrikanten«, einer Vereinigung, die 1914 kriegswichtig wurde und als neu gegründete »Häute- und Lederzentrale AG« direkt dem k. u. k. Kriegsministerium unterstand. Leute mit Expertise, Verstand und treffsicherem Instinkt waren rar. Isidor lernte rasch, den richtigen Augenblick abzuwarten und sich dann einzubringen. Ohne aufdringlich zu sein – er hatte die Gabe, Menschen für sich zu gewinnen. Bei der »Häute- und Lederzentrale« wurde Isidor zunächst Sekretär, wenig später schon leitender Direktor.

Aufstiege

Wie gut er es getroffen hatte, wurde Isidor erst in den Monaten nach Kriegsausbruch bewusst: Als Leiter eines Unternehmens, das die Rohstoffe für die Ausrüstung des Militärs herstellte, war er nun in seiner Funktion unabkömmlich. Isidor musste nicht an die Front wie seine jüngeren Brüder Nathan und Rubin.

Junge Männer wurden schon im ersten Jahr des Krieges Mangelware. Egal, wo Isidor sich aufhielt, er war von Frauen im heiratsfähigen Alter umringt. 1915 lernte Isidor die junge Witwe Emilia Goldbaum, geborene Flecker, kennen – das verliebte Paar entschloss sich schnell zur Heirat. Emilia stammte wie er aus Galizien, aus Lemberg, sie teilten die Liebe zur Oper und zu gutem Essen. Für ihre Hochzeitsreise fuhren sie nach Baden bei Wien, dort mieteten sie sich im eleganten Palais Metternich ein. Im Gefolge des Hofes kam im Sommer seit einigen Jahren auch die bessere Gesellschaft des Habsburgerreichs in die pittoreske Biedermeierstadt, um sich zu erholen. Anregende Gespräche, Spaziergänge, Kulturabende und neue Bekanntschaften, die auch beruflich von Nutzen sein konnten – zum ersten Mal hatte Isidor das Gefühl dazuzugehören, schließlich war er wer als Direktor eines kriegswichtigen Unternehmens. Im Palais Metternich stiegen Advokaten, Kaufleute, Landesgerichtsräte, Direktoren, Fabrik- und Gutsbesitzer ab. Man promenierte und parlierte, dinierte, politisierte ein wenig, traf sich des Abends noch einmal auf eine Zigarre im Kaminzimmer – wäre da nicht der Krieg gewesen, man hätte glauben können, die Welt sei ein Paradies in diesem Sommer 1915. Vor allem, wenn man frisch verliebt war.

Doch die Realität forderte ihren Tribut. Die Flitterwochen mussten auf eine Flitterwoche zusammengestutzt werden. Stiefel, Rucksäcke, Pferdesättel wurden an der Front gebraucht. Für die Herstellung kriegswichtiger Güter war das Material zentral auf die verarbeitenden Gewerke zu verteilen, in Zeiten der Krise und des Warenmangels erforderte dies Umsicht und Sorgfalt. Isidor galt als genauer und geschickter Organisator, er führte das Unternehmen mit strenger Hand. Zumindest, was seine Mitarbeiter betraf. Von ihnen verlangte er äußerste Disziplin und Zuverlässigkeit.

Bei sich selbst nahm er es nicht ganz so genau.

Schnell wurde ihm klar, dass sich mit den begehrten Lederwaren auf dem Schwarzmarkt lukrative Geschäfte machen ließen. Die Inflation griff schon während des Krieges im untergehenden Habsburgerreich um sich, die massive Verschuldung der Monarchie, der steigende Geldumlauf und die verstärkte Nachfrage nach Rüstungsgütern bei gleichzeitiger Knappheit der Naturalien, all das sorgte für einen reißenden Absatz für erstklassiges Leder. Diskret und über Mittelsmänner konnte Isidor beträchtliche Nebeneinnahmen anhäufen.

Die legte er in allerlei Wertpapiere an: Soproner Eisen-Aktien, Staatsbahn-Aktien, Österreichische Brau-Aktien, Skoda-Aktien, Westböhmische Kohle-Aktien, Donaudampfer-Aktien, Hanf- und Jute-Aktien, Budapester Stadtanteile, Ungarische Allgemeine Kohle-Aktien und einiges mehr. Der Wertpapierhandel bereitete Isidor Vergnügen. Er transferierte, was er konnte, in die Schweiz, wo man solcherlei Dinge verschwiegen handhabe und erledigte.

1918 war der Krieg beendet, das Habsburgerreich zerschlagen, das Imperium schrumpfte auf die geografische Größe einer Erbse zusammen, der Vielvölkerstaat war Geschichte – und mein Urgroßonkel mehrfacher Millionär.

Zwar brach seine Ehe mit Emilia auseinander; zu gern schaute sich der Onkel in ihrem Beisein nach anderen Damen um. Doch nun war er frei, steinreich, und es begann der fröhliche Teil seines Lebens. Isidor war ein gemachter Mann, und das wollte er jedem zeigen, der es wissen wollte – oder auch nicht!

Der Titel

Ich versuche, in den Archiven mehr über Isidors erstaunlichen beruflichen Aufstieg zu erfahren. Den rasanten Verlauf seiner Karriere finde ich in einigen Sätzen zusammengefasst in großformatigen Handelsbüchern des österreichischen Wirtschaftsministeriums. Dort wurde mein Urgroßonkel offenbar mehrfach vorstellig, aus ganz unterschiedlichen Gründen.

1921, lese ich, wurde er dem Präsidenten des Bundesministeriums für Handel und Gewerbe empfohlen – einige Kollegen hatten ihn für den Titel des ›Kommerzialrats‹ vorgeschlagen. Der erste Versuch scheiterte. In der Begründung hieß es:

Dagegen kann auf die in Aussicht genommene Erwirkung des Kommerzialratstitels für den Direktor Dr. Isidor Geller von hieramts nicht eingeraten werden, obwohl über ihn in moralischer und staatsbürgerlicher Hinsicht Nachteiliges hieramts nicht vorgemerkt erscheint. Dr. Geller ist am 15. September 1886 in Tlumacz in Galizien geboren, in Wien heimatsberechtigt, israelitischer Konfession, verheiratet, kinderlos, bewohnt im Hause III., Dapontegasse 9 eine aus 4 Zimmern samt Zugehör bestehende Wohnung gegen einen Jahreszins von 4000 Kronen, führt einen größeren Haushalt und soll ein jährliches Einkommen von 1,5 Millionen Kronen haben. Dr. Geller besaß vor dem Weltkriege kein nennenswertes Vermögen, jetzt gilt er, obgleich er nie selbstständiger Kaufmann war, als mehrfacher Millionär. Etwaige Verdienste desselben um die Allgemeinheit im Zusammenhange mit seiner bisherigen Berufstätigkeit konnten von hieramts nicht in Erfahrung gebracht werden.

Isidor war zwar enttäuscht, wusste aber: Kommt Zeit, kommt Rat. So war es bisher immer in seinem Leben gewesen. Nur einige Monate später, Anfang 1922, erhielt er das ersehnte Schreiben, nachdem der gemeinsame Ausschuss der Wirtschaftsverbände der Lederindustrie einen erneuten Antrag gestellt hatte:

Der gefertigte gemeinsame Ausschuss der Wirtschaftsverbände der Lederindustrie stellt die ergebene Bitte als sichtbare Anerkennung der Verdienste, welche sich Herr Dr. Isidor Geller, Wien, III. Dapontegasse 9, um die Staatsverwaltung auf dem Gebiet der Lederwirtschaft und der Versorgung der Bevölkerung mit Leder und Schuhen während und nach dem Kriege erworben hat, die Verleihung des Titels eines Kommerzialrates an diesen zu beantragen.

Die Tätigkeit des genannten Herrn darf bei allen in Betracht kommenden Funktionären des hohen Bundesministeriums als bekannt vorausgesetzt werden. Im Nachstehenden seien nur kurz die wichtigsten aus den zahlreichen Funktionen des Genannten hervorgehoben:

1. *Dr. Geller hat schon als Direktionssekretär der Einkaufs-, Verkaufs- und Kreditgenossenschaft der Vereinigten Sohlen- und Riemenlederfabrikanten zu Kriegsbeginn bis zur Gründung der Häute- und Lederzentrale A-G. dem k. u. k. Kriegsministerium hervorragende Dienste geleistet.*

2. *In der Häute- und Lederzentrale war er seit deren Gründung als Sekretär und später als leitender Direktor in anerkannt hervorragender Weise tätig.*

3. *Bei der Gründung des Wirtschaftsverbandes der Ledererzeuger wurde er dessen Sekretär und besorgte gemeinsam mit dem Sekretär des Wirtschaftsverbandes der lederverarbeitenden Gewerbe auch die Sekretariatsgeschäfte des gemeinsamen Ausschusses der Wirtschaftsverbände der Lederindustrie.*

4. Als nach dem Umsturze die d. ö. Lederstelle errichtet wurde, wurde Dr. Geller zunächst Direktor der Häuteabteilung dieser Stelle, später Geschäftsführer und Liquidator. Schon aus der Aufzählung dieser wichtigen Funktionen ist ersichtlich, welche Arbeitsleistung Dr. Geller im abgelaufenen Jahrzehnt im Dienste der Staatsverwaltung zu verrichten hatte. Tatsächlich kam auch keine der zahllosen Regierungsmaßnahmen, ja fast keine wichtige Einzelentscheidung in Bezug auf die Lederzeugung ohne seine fachmännische Mitarbeit zustande.

Nun war Isidor also Kommerzialrat. Doch das war noch nicht alles, lese ich in den handschriftlichen, großformatigen Akten: 1926 bat man ihn in den Rat der fachmännischen Mitglieder des Beirats für Handelsstatistik im Bundesministerium für Handel und Verkehr. Er wurde für drei Jahre zum Wirtschaftsweisen bestellt und saß mit den einflussreichsten Ökonomen und Firmenbesitzern des österreichischen Staats regelmäßig an einem Tisch.

Doch während es beruflich für ihn steil nach oben ging, war sein Privatleben ein einziges Auf und Ab.

Dissonanzen

Er lernte die schöne Berta Singer 1920 über seinen Freund und Friseur Franz Fellinger kennen, sie war eine Kundin von ihm und schien adrett, gewitzt und solide. Zumindest in der ersten Zeit ihres Beisammenseins. Die beiden heirateten noch im selben Jahr.

Bertas Mutter, Minna Singer-Burian, war Gesangslehrerin, was Isidor, der sowieso ein Faible für die Sangeskunst hatte, natürlich gefiel. Ab und an begleitete das Paar die Schwiegermutter zu Konzerten oder Vorträgen, so auch zu einem Abend im Wissenschaftlichen Club. Welch ein Debakel sich hier anbahnte, konnte niemand erahnen. Ich lese davon im *Neuen Wiener Journal* in der Ausgabe vom 23. Mai 1922 unter der Überschrift »Sängerkrieg im Wissenschaftlichen Club«.

Bereits der Titel des angekündigten Vortrags mutete seltsam an und hatte die Familie Singer-Geller auf den Plan gerufen: Der bedeutende Gesangspädagoge Otto Iro, Herausgeber der Zeitschrift

Die Stimmbildung. Stimmwissenschaftliche Blätter für Kultur und Kritik des Kunstgesangs, hatte sich an diesem Abend vorgenommen, über »Hans Duhan und die Dekadenz der Stimmbildung« zu referieren. Iro war berühmt für seine scharfen Analysen und umstrittenen Thesen, spätestens, seit er Richard Wagner Fehler bei der Gestaltung seiner Rollen vorgeworfen hatte. Dem Gesangspädagogen zufolge konnten Sängerinnen und Sänger mit Wagner-Partien schlichtweg nicht zurechtkommen, weil sie gegen die stimmliche Physis konzipiert waren und jeder gesangstechnischen Logik widersprachen. Iro verstand es, mit markigen Äußerungen regelmäßig die Aufmerksamkeit auf sich zu ziehen im opernvernarrten Wien.

Hans Duhan wiederum war ein Sängerliebling an der Wiener Oper – und ein Zögling von Schwiegermutter Minna Singer-Burian. Diese hatte Duhan von seinen Anfängen an begleitet, seine Stimmbildung maßgeblich geformt, seit er 1914 in der Partie des Amonasro in Verdis *Aida* am Hof-Operntheater debütierte und von dort aus die Herzen des Publikums und der Kritiker eroberte. Mittlerweile gehörte er zum festen Inventar des Opernhauses, wo er 26 Jahre lang als Baritonsänger, später auch als Spielleiter und Dirigent tätig sein würde.

Allein schon der Titel von Iros Vortrag war also

eine Provokation – wieder einmal –, die zahlreiche neugierige Zuhörer anlockte. Der Saal des Wissenschaftlichen Clubs war gut gefüllt, als Isidor, Berta und deren Mutter eintrafen, im Publikum wurde bereits unruhig getuschelt. Otto Iro betrat das Podium und kündigte sogleich an, dass es nach dem Vortrag keinerlei Fragen und Diskussionen geben würde. Welch eine Chuzpe, fanden Isidor und seine Begleiterinnen. Und so was schimpfe sich »Pädagoge«, murmelte Isidor kopfschüttelnd.

Bereits Iros erste Sätze machten die Stoßrichtung seines Vortrags deutlich: Er ließ kein gutes Haar an der Gesangsweise Hans Duhans, wunderte sich über den Erfolg des Sängers, kritisierte sein Vibrato, seinen Atemfluss, seine Phrasierungen und überhaupt seine komplette Technik, warf ihm Knödelei und Verweichlichung vor. Immer wieder ging ein Raunen durchs Publikum, waren doch zahlreiche Anhänger und Verehrer Duhans zugegen.

Besonders lautstark machte sich Isidor bemerkbar. Als Iro davon sprach, Hans Duhan bei einem Konzertabend heiser erlebt zu haben, fragte Isidor in den Saal, wann dies der Fall gewesen sei. Iro erklärte, dass er auch auf Nachfragen keinerlei Auskunft zu geben bereit sei. Im Übrigen sei sein Vortrag lediglich für ein fachkundiges Publikum bestimmt. Isidor grinste und entgegnete, dass er dann eigentlich sein Entreegeld zurückfordern könne, schließlich sei er nicht fachkundig. Böse Blicke trafen den Onkel.

Je länger Iros Beleidigungen andauerten, desto empörter wurde Isidor. Wie konnte man einen solch unsachlichen Vortrag in einer wissenschaftlichen Einrichtung zulassen? Welche Motive hatte dieser Herr Iro für seine diskreditierenden Anwürfe? Hier waren andere Dinge im Spiel, da war sich Isidor sicher. Mit Neidern hatte er seine Erfahrungen gemacht im Laufe seines Aufstiegs. Solche Leute musste man so schnell wie möglich entlarven und auf ihren Platz verweisen. »Blödsinn!«, rief er mehrfach in den Saal. Hier ging es schließlich um einen erstklassigen Sänger, der sich seine Meriten bereits erworben hatte. Was wäre die Hofoper ohne Hans Duhan?

Isidor spürte förmlich, wie das Blut in seinen Adern zu kochen begann. Er konnte hitzköpfig sein. Dieser Wesenszug begleitete ihn seit seiner Kindheit. Sich zu zügeln fiel ihm schwer, im Guten wie im Schlechten.

Manch ein Zuhörer im Saal schien bereits genervt von Isidors Zwischenrufen. Einige schüttelten den Kopf. Darunter ein Herr, dem irgendwann der Geduldsfaden riss: »Ich finde es merkwürdig, dass verwandtschaftliche Beziehungen zu künstlerischen Demonstrationen benutzt werden«, raunzte er ihn an – offenbar war dem Herrn bekannt, dass Isidors Schwiegermutter die Gesangslehrerin von Hans Duhan war. Worauf Isidor entgegnete: »Sie sind ein bezahlter Anhänger des Iro!« Tumult im Saal. Plötzlich war auch noch das Wort »Depp« zu hören, Isidor murmelte es halblaut vor sich hin – zu laut, um überhört zu werden. Höhnisches Lachen, Unruhe, Zischen und Murmeln im Publikum.

Dieser Vorfall im Wissenschaftlichen Club war dem *Neuen Wiener Journal* immerhin einen mittelgroßen Artikel wert, in dem die gegenseitigen Beleidigungen minutiös aufgeführt wurden. Den Begleiterinnen der beiden Streithähne war die Situation sichtlich unangenehm, besonders Berta schämte sich für ihren Angetrauten, zog entschuldigende Grimassen und zupfte unbeholfen an seinem Ärmel, wohl wissend, dass es wenig helfen würde. Wenn Isidor erst einmal in Rage war, gab es kein Halten.

In den Büchern aus Isidors Bibliothek zu Umgangsformen und Etikette fand sich auch einiges zur hohen Kunst der Konversation, der Debatte, und wenn es sein musste: des Streits. *Le bon ton* – den guten Ton galt es bei allem zu treffen. Isidor hatte früh, noch im *Cheder,* gelernt, biblische Aussagen und Fragen mit seinen Mitschülern zu diskutieren, von der einen und anderen Seite zu betrachten und zu durchdenken. Diese Technik wandte er auch später in seinem Beruf an, sei es in der Juristerei oder der Ökonomie. Es bereitete ihm Vergnügen, zu debattieren, sich auch mal an den Grenzen des Höflichen zu bewegen, um dann argumentativ eine Punktlandung hinzulegen. Dafür war Isidor bekannt und durchaus gefürchtet.

Doch inzwischen fühlten sich Teile des Publikums im Vortragssaal derart gestört, dass sogar die beiden Kontrahenten einsahen: Sie mussten sich mäßigen, wollten sie nicht des Saales verwiesen werden. Die Herren ließen sich immerhin so weit auf einen kurzen kalten Frieden ein, dass sie ihre Visitenkarten austauschten; man wollte wissen, mit wem man es zu tun hatte – um sich danach sogleich wieder verbal an die Gurgel zu gehen. Auch das beschreibt der Artikel im *Neuen Wiener Journal.* Wobei es Isidor war, der in den Saal rief: »Herr Hofbauer ist ein Idiot, ein Depp.« Und sich grinsend zurücklehnte und die Arme verschränkte. Zugegeben: Das hatte mit gutem Ton nichts mehr zu tun. »Sie gut angezogener Hausknecht«, kam es postwendend zurück.

Der Abend endete mit einer Anzeige. Gustav Hofbauer, Oberrevident der Südbahn, verklagte den Kommerzialrat und Geschäftsführer einer Aktiengesellschaft Dr. Isidor Geller auf Ehrenbeleidigung, ist in dem Artikel zu lesen. *»Im Saal herrschte große Erregung, die Meinung war geteilt.«*

Sobald sich die Tür ihrer Wohnung hinter dem Ehepaar Geller geschlossen hatte, hagelte es Vorwürfe von Berta: Ihr Gatte könne sich in der Öffentlichkeit nicht benehmen und habe sie und ihre Mutter in eine fürchterliche, skandalöse Situation gebracht. Isidor ließ sich auf den Diwan seines Salons sinken, die Hände vors Gesicht haltend. Es war nicht der letzte Streit dieser Art.

Zwei Monate später kam es zum Prozess: Isidor wurde zu einer Geldstrafe von zehntausend Kronen verurteilt. Doch was ihm keiner in der Welt nehmen konnte, war seine Liebe zum Gesang, zu den Künsten. Auch, wenn der Familienfrieden darunter litt.

Familienbande

Zwischen Berta und Isidor stand es nicht zum Besten, ständig lagen sich die Eheleute in den Haaren. Zudem – und das hätte Isidor gleich zu Beginn schon alarmieren müssen – mischte sich Bertas Familie in das Privatleben des Paares ein: Zu allem hatten die Singers etwas zu sagen, keine Entscheidung blieb unkommentiert, man erwartete rasch Nachwuchs und war an Isidors Vermögensverhältnissen ein wenig zu sehr interessiert. Isidor seinerseits spürte deutlich, dass er noch nicht bereit war, sich auf die Verpflichtungen eines Familienvaters einzulassen. Erst recht nicht mit jener Bagage im Hintergrund.

Darüber hinaus waren Berta und Isidor doch sehr verschieden, wie sich herausgestellt hatte: Seine Gattin machte sich wenig aus den schönen Künsten, sie war eine Pragmatikerin, die Rührung Isidors beim Anblick einer Skulptur, eines Kunstwerks oder einer Oper war ihr fremd. Obwohl mit der Kunst des Gesangs aufgewachsen, bekam sie neuerdings Migräneanfälle in der Oper. Ihre Abneigung gegen Rituale des schönen Lebens zeigte sich immer wieder im Alltag. Während Isidor ein ausgiebiges Frühstück liebte, das er im Morgenmantel einnahm, zu perlender Klaviermusik aus dem Grammofon und einem Glas Champagner, zog Berta es vor, rasch in den Tag zu starten. Am wichtigsten war ihr das tägliche Treffen mit ihrer Mutter, um den neuesten Familientratsch auszutauschen. Kam sie wieder heim, fand sie überall gleich das buchstäbliche Haar in der Suppe – sie beherrschte die hohe Kunst des Lamentos und der spitzfindigen Beschwerde. Es war ein Elend. Mehr und mehr mutierte Berta Friederike Wilhelmine Lucie zu einer veritablen *Klaffte,* Zicke, und *kaltn Neschume,* einer kalten Seele, wie man solche Frauengeschöpfe im Jiddischen nannte und wie es auch Isidors Mutter Batja tat, wenn er sich bei ihr über seine Angetraute beschwerte.

Berta rümpfte die Nase über alles, was Isidor wert und lieb war. Ihre Haltung wurde mehr und mehr zum Problem. Sie machte die gesellschaftlichen Verpflichtungen, die der Onkel nun einmal hatte und die seine Position mit sich brachte, nur widerwillig mit. Die Einladungen des Freundeskreises der Hofoper waren ihr genauso ein Graus wie die regelmäßigen Diners bei Geschäftspartnern. Verzampft und mies gelaunt saß sie bei derlei Gelegenheiten da und vermied jegliche Konversation. Nicht bloß einmal bekam Isidor mit, wie man sich über die ›Zitrone‹ lustig machte.

Mit der Zeit ging er immer öfter allein zu gesellschaftlichen Anlässen. Aber auch das war seiner Gattin nicht genehm, und sie konfrontierte Isidor mit Vorwürfen und Eifersüchteleien – die manches Mal allerdings ihre Berechtigung hatten. Berta wollte alles wissen: mit wem er sich worüber unterhielt, wem er schöne Augen machte, welcher Dame er hinterherblickte. Oder ob es doch eher die gut gekleideten Jünglinge waren, zu denen er sich klammheimlich hingezogen fühlte. Zermürbend waren derlei Streitigkeiten und führten zu nichts. »*Jede Kleinigkeit*«, lese ich in dem Scheidungsprotokoll aus dem Jahr 1926, »*bot willkommenen Anlass, um der inneren Gereiztheit der beiden Eheleute gegeneinander in einem zum Anlasse in keinem Verhältnis stehenden Umfange Ausdruck zu verleihen. Alle Zeugen sagen übereinstimmend aus, dass sie, schon bevor es den Eheleuten selbst zum Bewusstsein kam, die Überzeugung gewonnen hatten, dass die Ehe unhaltbar sei.*« Isidor wurde es als Erstem klar: Er wollte die Scheidung.

Bertas dominante Familie war dagegen, doch irgendwann gab sie nach. Die junge Frau wusste nur zu gut, dass die Ehe nur noch pro forma bestand, und es war ihr nicht entgangen, dass Isidor schon seit Längerem nicht mehr den Ehering trug. *»Beide Ehegatten beantragen die Trennung der Ehe wegen unüberwindlicher Abneigung«*, besagt das Scheidungsprotokoll.

Einzig das elegante Ex Libris, das die beiden sich kurz nach der Hochzeit beim beliebten Grafiker Erhard Amadeus-Dier für die große Bibliothek des Onkels hatten anfertigen lassen, erinnerte Isidor später noch fast täglich an die Ehe mit Berta. Es klebte in vielen seiner Bücher.

Der Stich im symbolistischen Art-nouveau-Stil zeigt eine schlanke Frau in wallendem Kleid, die sich in jugendlicher Schönheit am Zweig eines Baumes festhält. Dabei beugt sie sich geschmeidig zu einem im Gras sitzenden Mann, der, in ein Buch vertieft, offenbar die Zeit vergisst, auf die ihn eine kleine Putte im Hintergrund hinweist, indem sie eine Uhr in die Höhe hält. Ein heiteres Bild, das der Realität nie entsprochen hat. Es war reines Wunschdenken, eine schöne Illusion.

Intermezzo

Ende der Zwanzigerjahre entschied sich Isidor, aus seiner bereits großzügigen Wohnung in der Dapontegasse auszuziehen. Schon immer hatte er von einem Domizil in Ringstraßennähe geträumt. Gleich hinter dem Musikverein, in der Canovagasse, besaß Freiherr Eugène de Rothschild ein ansehnliches Stadtpalais, eine Gelegenheit ergab sich, und Isidor konnte 1928 einziehen, in den ersten Stock, die Beletage. Es machte ihm große Freude, die zehn Zimmer nach seinem Geschmack einzurichten, bald hatte er mit den drei Bediensteten, die er bereits in der Dapontegasse beschäftigte, einen wohlorganisierten Haushalt etabliert und begann, in den neuen Räumlichkeiten regelmäßig Bankette zu geben.

Isidor verpasste keine Premiere und war ständiger Logengast in den Wiener Opernhäusern, ging in Herrenklubs ein und aus und fuhr regelmäßig zur Kur – am liebsten, das wurde ihm zur Tradition, nach Bad Ischl in die Sommerfrische. Hier stieg er stets im Hotel Zur Post ab. Meist begleitet von seinem Fahrer, Herrn Pinter.

Diese Aufenthalte dienten nicht nur der reinen Erholung, sondern auch der Repräsentation. Und Isidor, der ungern auf Dauer allein blieb, war sich sicher, hier auf seinesgleichen zu treffen. Gerne auch der weiblichen Art. Nach der Scheidung von Berta hatte Isidor das Gefühl, endlich wieder frei atmen zu können.

In seine Kanzlei, die er seit einigen Jahren erfolgreich führte, ging er einmal die Woche, eigentlich nur noch, um die eine oder andere Unterschrift zu leisten. Den Rest erledigten für ihn Mitarbeiter. Sein eigenes Vermögen verwaltete sein Bruder Rubin, der sich inzwischen Rudolf nannte. Auch er war Rechtsanwalt und hatte eine Kanzlei in der Schellinggasse 5. Arbeiten musste Isidor im Prinzip nicht mehr, er lebte komfortabel von den Zinsen seiner Wertpapiere.

Dennoch spürte er eine Art Vakuum. Etwas fehlte in seinem so angenehmen Leben. Ein Hafen. Ein Ruhepol. Eine Komplizin.

Es ergab sich hier und da eine kurze Liaison, ein amouröser Ausflug, jedoch nichts Ernsteres. Gegen eine Dame an seiner Seite hätte Isidor nichts einzuwenden gehabt, allerdings musste sie seinem Niveau entsprechen, das hieß vor allem, ein Faible für die Künste haben, sich in Gesellschaft benehmen können und, das wagte er kaum zu hoffen, daran sogar Spaß haben.

Ein Leben ohne Oper erschien Isidor inzwischen ganz unvorstellbar. Über seine einstige Schwiegermutter hatte er – noch an Bertas Seite – einige Sängerinnen und Sänger kennengelernt und genoss es, sich in dieser Welt zu bewegen. Einige von ihnen waren regelmäßig zu Gast bei den Mittagessen in der Canovagasse. Die Sangeskunst faszinierte Isidor. Und die Kombination von menschlicher Stimme und großem Orchester, die üppige Ausstattung der Inszenierungen, die Farben und Formen, die Geschichten um die menschlichste aller Regungen, die Liebe, das Beben und feinste Vibrato derjenigen Sänger, die es vermochten, das Innerste aus sich herauszusingen – in der Oper erlebte er Momente, die einzigartig waren. Isidor, stets eloquent und um keine Formulierung verlegen, versagten dabei die Worte. In der Dunkelheit seiner Loge stiegen ihm regelmäßig Tränen in die Augen, was hoffentlich niemand mitbekam.

Vielleicht würde er im gerade so apart umgestalteten Grabencafé jemanden kennenlernen? Der Architekt Josef Hoffmann hatte hier Hand bei der Innenausstattung angelegt, Isidor gefiel die Mischung aus klassizistischer Schlichtheit in Form und Material und ein wenig Art déco; Marmor, kombiniert mit modernen Mustern. In die kleinen Nischen des Seitensaals konnte man sich zurückziehen, wollte man ungestört sein, in der französischen Bar Longdrinks und Cocktails für jeden Geschmack entdecken. Die mit Seide überzogenen Ballons, die von der Decke hingen, spendeten ein warmes, angenehmes Licht.

Isidor traf sich im angebauten Wintergarten des Cafés gern mit Freunden zu einem ausgiebigen Frühstück, und noch lieber kam er am Nachmittag, denn dann spielte regelmäßig der langjährige Dirigent der Militärkapelle, Hoch- und Deutschmeister Wilhelm Wacek, mit seinem Orchester zum Tanz auf. Abends dann tauschten die Musiker ihre Plätze mit den Kollegen der Kapelle Wolfsthal.

Schon einige Male war Isidor hier eine hochgewachsene junge Dame aufgefallen. Eine Erscheinung war sie, blond, stets elegant gekleidet und in Begleitung unterschiedlicher Herren. Sie strahlte einen gewissen Stolz aus. Einmal meinte Isidor einen ungarischen Akzent wahrzunehmen, als er an ihrem Tisch vorbeiging. Eines Abends machte der Kapellmeister eine Ansage: Er freue sich, die Sängerin Ilona Hajmássy hier im Grabencafé begrüßen zu dürfen, sie werde heute als Gast des Or-

chesters auftreten und ein paar Operettenschman-
kerl zum Besten geben. Während die Freunde, mit
denen Isidor gekommen war, wenig Interesse an
der Gesangseinlage zeigten und sich weiter zigar-
rerauchend unterhielten, positionierte Isidor sich,
um den Auftritt nicht zu verpassen. Und staunte
nicht schlecht, als er auf der Bühne die blonde
Schönheit erblickte, die ihm schon so oft ins Auge
gestochen war. Und die etwas zu bieten hatte. Eine
außerordentliche Bühnenpräsenz. An der Stimme
würde noch zu arbeiten sein, dachte er sich.

Einige Wochen später saß die junge Dame im
Grabencafé mit Hans Duhan und einem weiteren
Bekannten von Isidor an der Bar. Den Kammersänger Franz Steiner kannte er aus musikalischen Kreisen, er besuchte regelmäßig seine Gesangsabende,
bei denen Steiner mit Vorliebe Kompositionen von
Richard Strauss vortrug. Das war die Gelegenheit.

Duhan und Steiner machten die beiden miteinander bekannt: Ilona Hajmássy, eine vielver-
sprechende junge Sängerin und Schauspielerin aus
Budapest, die gerade dabei sei, sich in Wien zu ori-
entieren. Sowohl im Film als auch auf der Opernbühne. Und sicherlich, als Neuankömmling in der
Stadt, für jegliche Art von Hilfe dankbar wäre, zumal von einem ausgewiesenen Kulturliebhaber und
Kenner der Szene. Isidor fühlte sich geschmeichelt.

Fragen der Zeit, Zeitfragen

Kurt Goldfarb stattete dem Onkel einmal im Monat einen Besuch in der Canovagasse ab. Isidor kannte den Schneider noch aus seinen Tagen als Student. Die Goldfarbs waren einige Zeit vor ihm, im Jahr 1900, nach Wien gekommen, Kurt aus der Bukowina, Ella aus Deutschland. Sobald Isidor es sich als junger Mann hatte leisten können, ließ er sich bei dem Paar einen maßgeschneiderten Anzug anfertigen. Es war ein besonderer Moment, als er vor dem großen Spiegel, dem sogenannten Trumeau, posierte und sich in seinem ersten selbst finanzierten Zwirn erblickte. Goldfarb wusste, was *en vogue* war, was ein Mann von Welt trug – und er verstand sein Handwerk. Das langwierige Maßnehmen verging wie im Flug, wenn der Schneider mit seiner Kundschaft scherzte. Isidor sagte er beim ersten Besuch, er werde den Zwickel großzügig ausgestalten, man wolle ja nicht schon von Weitem die Religion des Anzugträgers erkennen.

Der Onkel mochte den humorvollen kleinen

Mann mit dem melancholischen Lächeln, der ein Monokel hervorholte, sobald er sich an die Arbeit machte. Gemeinsam mit seiner Frau Ella besaß er eine kleine Schneiderei in der Leopoldstadt, dem Wiener Viertel, in dem so viele Juden lebten. Die meisten von ihnen stammten aus dem Osten Europas.

In den ersten Jahren in Wien besuchte Isidor das damals noch junge Paar regelmäßig im Laden und debattierte mit Goldfarb gerne über Politik. Ella Goldfarb stand hinter einem großen Tresen und empfing die Kundschaft, wenn sie nicht ihrem Mann, der im hinteren Teil des Ladens arbeitete, zu Hilfe kam – auch sie war eine gelernte Haute-Couture-Schneiderin.

Ihre Ausbildung hatte Ella in Frankfurt und Mannheim im Atelier Landauer absolviert. Fräulein Landauer fuhr zweimal im Jahr zu den Modeschauen nach Paris und brachte die neuesten Kreationen der großen Modehäuser mit. *Le dernier cri.* Diese wurden dann in ihrem Atelier kopiert, in kleinen Schauen vor einem geladenen Kreis der feinen Gesellschaft präsentiert und auf Anfrage angefertigt. Ella arbeitete zunächst lediglich als Verpackerin der hochwertigen Kleider, später lernte sie das Schneiderhandwerk und kümmerte sich sogar zuletzt um den Großeinkauf der Rohware.

Im Atelier Goldfarb in Wien besorgte sie die Auswahl der Stoffe, verhandelte mit den Vertretern, verpackte die fertigen Maßarbeiten kunstvoll in Seidenpapier und unterschiedliche Kartonagen, ab und an arbeitete sie ihrem Mann zu, bezog etwa Knöpfe oder kümmerte sich um die zeitaufwendigen Knopflochsäume. Die Dienste des Ateliers Goldfarb wurden auch von so bedeutenden Herrenmodegeschäften wie Riedel & Beutel, gleich am Stephansplatz, in Anspruch genommen. Wann immer Änderungsarbeiten anfielen, konsultierte man die Goldfarbs. Kurt Goldfarb seinerseits hatte sein Handwerk noch als Junge bei seinem Vater in Czernowitz gelernt. Ella und er hatten sich bei einem Aufenthalt in Karlsbad kennengelernt, verliebt und beschlossen, gemeinsam nach Wien zu gehen. Ihre beiden Söhne, Erich und Max, führten in späteren Jahren für die Schneiderwerkstatt die Bücher.

Die Szenerie auf den Straßen der Leopoldstadt erinnerte Isidor an seine galizische Heimat. In den ersten Jahren des 20. Jahrhunderts zogen osteuropäische Juden in Strömen hierher. Sie waren sofort zu erkennen an ihrer traditionellen Kleidung, an den langen Kaftanen, den Schläfenlocken und Kopfbedeckungen. Man sprach hier vorwiegend jiddisch. Isidor hörte diese Sprache insgeheim gern, tat sie allerdings öffentlich als »Jargon« ab, für ihn war sie keine Sprache, die man zu lernen hatte. Es gab Juden im Umkreis Isidors, die wie er aus dem Schtetl stammten und es geschafft hatten, die ihre Herkunft allerdings im Rückblick als melancholisches Elendsidyll verklärten. Isidor ging das gehörig gegen den Strich. Er konnte nichts Romantisches an den Umständen seines Aufwachsens finden. Zu trist, zu quälend, zu eng und karg war der Alltag in Armut, Hinterwäldlertum und provinzieller Langeweile gewesen – wenn man nicht gläubig war wie sein Vater. Eine einzige Misere, in der das verzweifelte Gottvertrauen die Menschen am Leben hielt.

Wenn das Wiener Klima wieder einmal aufgeheizt war und antisemitische Stimmungen an die Oberfläche drängten, so war es hier, in der Leopoldstadt, sofort zu merken: Im September 1919 wurde bei einer deutschnationalen Kundgebung vor dem Rathaus die Parole »Rache an den Juden« ausgerufen. Die Redner forderten die Menge auf, sogleich in die Leopoldstadt zu ziehen, um sich an die Arbeit zu machen. Womit die feindseligen Männer allerdings nicht rechneten, war die rund fünfhundert Mann starke jüdische Gruppe, die sich bereits auf dem Mathildenplatz versammelt hatte, um eine Gegenwehr zu bilden. »Hoch die Juden«, skandierten Anwohner aus den Fenstern. Im Oktober 1923, während einer Versammlung der jüdischen Linkspartei im Café Magnet, hängten Hakenkreuzler eine Puppe, die deutlich als karikierter Jude zu erkennen war, an einem Baum gegenüber auf. Es kam zu Ausschreitungen. Die Polizei ging dazwischen, man ließ die Hakenkreuzler in der Wachstube »lärmend und zigarettenrauchend« sitzen, wie die *Arbeiterzeitung* später berichtete. Den jüdischen Cafébesitzer dagegen sperrte man in eine Zelle, dabei hatte der lediglich versucht, die Lage zu beruhigen. Regelmäßig flogen Steine in jüdische Läden und Kaffeehäuser, Parolen wie »Für dich wird schon noch der Tag kommen« waren in den Zwanzigerjahren keine Seltenheit.

Seit Isidor beruflich aufgestiegen war und in anderen Kreisen verkehrte, waren seine Besuche in der von vielen ein wenig verächtlich so genannten »Mazzesinsel« rarer geworden. Zu sehr rief hier alles die Atmosphäre wach, der er ganz bewusst entflohen war. Seinen Geschwistern, besonders Franziska und Rudolf, ging es nicht anders. Das Hochgefühl, das Isidor erfüllte, wenn er als gleichberechtigtes Mitglied der guten Gesellschaft wahrgenommen wurde, wollte er durch solcherlei Besuche nicht ins Wanken bringen. Für die traditionelle, wie er fand: rückständige, Lebenshaltung seiner Glaubensbrüder und -schwestern hatte er letztlich wenig Verständnis. Dennoch: Irgendeine seltsame Art der Nostalgie konnte ihn an diesem Ort schon mal packen, er musste an die Daheimgebliebenen denken. An den gelehrten Vater. An die ersten kleinen Fluchten aus dem dunklen Leben im Schtetl, an heimliche Besuche in den Bibliotheken der umliegenden Städte und den Duft der frisch gebackenen *Challah* am Schabbat. Doch welch Glück, dass auch seine Mutter den Weg in die Donaumetropole gefunden hatte. Im Alter konnte sie sich, nach allem, was sie erlitten hatte, um die Familie durchzubringen, hier komfortabel zur Ruhe setzen. Das schien Isidor nur gerecht.

Immerhin: Die Menschen lebten ihre Tradition an diesem Ort weiter und genossen zugleich die Vorzüge der Großstadt. Vielleicht war schon dies ein Fortschritt. Die ärztliche Versorgung, die schulische Infrastruktur, der rege Handel – wer durch Fleiß und Leistung auffiel, konnte sich hier verwirklichen.

Isidor sah sich als emanzipierten, assimilierten Juden, in die Synagoge ging er nur noch zu den hohen Feiertagen – eher aus einem sonderbaren Pflichtgefühl seiner Herkunft gegenüber heraus denn aus Religiosität.

Den seit Jahren grassierenden Antisemitismus versuchte er, so gut es ging, zu verdrängen. Zu spüren war er ganz deutlich – über alle Klassen hinweg, darüber sprach er auch mit Goldfarb. Mit Antisemitismus wurde aktiv Politik betrieben. Als Isidor nach Wien kam, war Karl Lueger noch Wiener Oberbürgermeister, der in den Neunzigerjahren des vergangenen Jahrhunderts mit antisemitischen Parolen hervorgetreten war und erfolgreich die Stimmen von Handwerkern und Gewerbetreibenden eingefangen hatte. Um 1900, in seiner Amtszeit, erstellte man in allen Institutionen der Stadt, sei es an Schulen, in Fabriken, in den Theatern oder auch im Parlament, Statistiken über den Anteil an Juden – man hatte ein großes Interesse daran, die vermeintliche »Verjudung« Wiens unter Beweis zu stellen. Auch Personen, die lediglich einen jüdisch klingenden Namen trugen oder einen Juden geheiratet hatten, wurden verzeichnet. Und, man müsse sich vorstellen, sagte Goldfarb: Der deutschradikale Abgeordnete Eduard von Stransky habe erst 1908 seinen berühmten Ausruf getätigt: »Gott sei Dank, das Haus ist in seiner Majorität antisemitisch.« Das klinge bei allen Debatten durch, die seither geführt wurden, auch jetzt noch, Ende der Zwanzigerjahre.

Kurt Goldfarb, obwohl assimilierter Jude, dachte nicht im Traum daran, seine Schneiderei an eine bessere Adresse zu verlegen, obwohl Isidor dazu immer wieder riet und ihm seine Unterstützung anbot. Der Antisemitismus machte den Goldfarbs zu schaffen, sie wollten sich ihm nicht noch mehr aussetzen, indem sie ihr kleines »Ghetto«, wie sie es nannten, verließen. In der Leopoldstadt waren sie unter ihresgleichen, wer vom guten Ruf des Ateliers hörte, konnte sie hier finden. Und, das musste Isidor zugeben, es funktionierte: Auch Nichtjuden, auch solche aus der höheren Gesellschaft, kamen gerne in den Schneiderladen in die Leopoldstadt, um sich ausstatten zu lassen. Dennoch war Isidor davon überzeugt, mit einer repräsentativeren Adresse im I. Bezirk wären sie noch erfolgreicher.

Oft diskutierten Isidor und Kurt Goldfarb über diesen Punkt, sie tauschten ihre Beobachtungen aus und fragten sich, was daraus abzuleiten war: War die Assimilation der richtige Weg? Gab es eine Zukunft für Österreichs Juden? Spielte die religiöse Herkunft – auch bei assimilierten Juden – irgendwann nicht doch eine Rolle, und zwar eine nachteilige, wurde sie nicht bei Bedarf aus dem Hut gezogen und gegen sie verwendet?

Die Goldfarbs waren diesbezüglich pessimistisch. Ihrer Ansicht nach machten Antisemiten keinen Unterschied zwischen Ost- und Westjuden, zwischen denen, die in der Tradition verharrten, und denen, die sich als Aufsteiger in die städtische, in die weltliche Gesellschaft aufmachten. Jude blieb Jude. Den Maßstab würde immer der sozial niedrig stehende Jude liefern. Auf einen Schlag wären alle Anstrengungen der Assimilation sowieso zunichtegemacht, wenn es hart auf hart käme. Ohnehin wurden den Juden »deutsche Empfindungen« abgesprochen, die angeblich auf »mittelalterlicher Romantik« gründeten, wie es einer der antisemitischen Hetzer, der Medizinprofessor Theodor Billroth, formulierte. Was Goldfarb zum Schmunzeln brachte: »Als wir schon lesen und schreiben konnten, da saßen die Teutonen samt Lendenschurz noch auf den Bäumen, fletschten die Zähne und schwangen die Keule.« Die Juden könnten nicht einfach bis zum Sankt Nimmerleinstag warten, bis der Antisemitismus versiegt sei und sich in pure Nächstenliebe verwandelt habe, spottete er.

Isidor sah das ein wenig anders: Antisemitismus sei nun mal ein Phänomen, dem man überall begegne, man müsse sich damit arrangieren, auch wenn er obszön und aggressiv daherkam. Das seien lediglich vorübergehende Erscheinungen, mal mehr, mal weniger, die es zu überwinden galt – es kämen gewiss andere Zeiten, in denen auch die schlimmsten Antisemiten anerkennen müssten, was Juden alles geleistet hatten, gerade hier in Wien sei das doch augenfällig und unübersehbar. Neid sei nun mal ein menschlicher, wenn auch garstiger Zug. Dummes Geschwätz gebe es immer und überall. Er schere sich nicht allzu sehr darum. Abgesehen davon war doch Kaiser Franz Joseph I. pragmatisch und betonte gern, dass seinem landesväterlichen Herzen alle Untertanen seines großen Reiches ohne Unterschied der Nation und der Konfession gleich nahestanden. Diese Aussage sei doch Garantie genug! Als assimilierter Jude der Donaumetropole sehe sich Isidor mitnichten als Teil einer fremden Nation, eine Zuweisung, die der Zionismus auch noch unterstreiche mit seiner Auffassung, die Juden seien ein eigenständiges Volk. Und Religion, so Isidor, sei überdies reine Privatsache, sie habe keinen zu interessieren.

Isidor hatte nicht vor, seine unter Mühen errungene übernationale, deutsche Identität wegen ein paar unverbesserlicher Misanthropen und rückwärtsgewandter Missgünstlinge über Bord zu werfen, er hatte auch keine Lust, wie es die Zionisten forderten, das Hebräische zu seiner Alltags- und Umgangssprache zu machen. Nur weil er Jude war. Alles, was die Juden als fremdartig markierte, sei es durch Sprache oder die Sehnsucht nach einem eigenen Land, bestärkte doch die Antisemiten nur in ihrer Auffassung, das Jüdische gehöre nicht in die deutsche Kultur. Weder diese Unmenschen noch die Zionisten würden ihn seiner Heimat, Wien, berauben!

Doch Kurt Goldfarb ließ nicht locker. Er war gut informiert, verfolgte die Wiener Parlamentsdebatten und las aufmerksam Zeitungen. Christlichsoziale Strömungen würden den Kampf gegen die Ostjuden bereits mit den Freiheitskriegen gegen Napoleon vergleichen, das habe er in den *Brigittenauer Bezirksnachrichten* gelesen. »Weder christlich noch sozial«, bemerkte Goldfarb mit einem verzweifelten Lächeln. Für solche Typen mache es auch keinen Unterschied, ob man nun in Kaftan und Schläfenlocken daherkomme oder sogar durch die Taufe versuche, endlich den Judenstempel abzuwaschen.

Isidors Gleichgültigkeit, seine als Pragmatismus verkaufte Verblendung, bereitete Kurt Goldfarb Sorgen. Selbst ein jüdisch klingender Name gelte bereits als verdächtig, erinnerte er seinen treuen Kunden – und Liberale und Sozialdemokraten würden inzwischen als »Judenknechte« verunglimpft.

In den Dreißigerjahren, als Isidor bereits in der Canovagasse wohnte, kam Kurt Goldfarb alle paar

Wochen zu Besuch, auf ein Gläschen aus Isidors Schnapskollektion und um die Garderobe des Kommerzialrats zu inspizieren, auszubessern, gegebenenfalls neue Arbeiten in Auftrag zu nehmen. Inzwischen war er ein älterer Herr, ging gebeugt, sein Monokel hatte Flaschenbodenstärke erreicht. Doch handwerklich einwandfrei und politisch weiterhin wach, suchte er stets die Debatte mit dem Onkel und erfreute sich am Argumentieren, auch wenn er spürte, dass Isidor sich diesen Fragen eigentlich lieber entzog. Gegen den inzwischen zu einem Rassenantisemitismus gewordenen Wahn – man müsse nur ins Deutsche Reich schauen – gab es Goldfarb zufolge eine einzige Lösung: und die hieß Palästina. Seine Söhne, ausgebildete Buchhalter und glühende Zionisten, waren bereits Anfang der Zwanzigerjahre ausgewandert und halfen mit, einen Kibbuz aufzubauen. Inmitten der judäischen Wüste.

Isidor schüttelte den Kopf. Von einer Kulturmetropole in die Wüste? Wie konnte man das nur wollen? Den soliden Beruf eines Buchhalters gegen Spaten und Hacke zu tauschen, um den steinharten Boden zu beackern und in Zelten unter den widrigsten Witterungsbedingungen in Arbeitskleidung sein Dasein zu fristen? Das war kein Leben! Wären die beiden jungen Männer Isidors

Rat gefolgt, hätten sie sich mit ihrem beruflichen und familiären Hintergrund in die Welt der Konfektion aufgemacht, ein kleines Warenhaus für die inzwischen so gefragte Kleidung »von der Stange« eröffnet. Doch über Geldangelegenheiten lohnte es sich mit Goldfarb nicht zu diskutieren. Der Mann hatte diesbezüglich keinerlei Ambitionen. Er gab sich mit dem zufrieden, was er hatte.

Dennoch ließ auch Isidor der Gedanke nicht ganz los, der so viele Juden beschäftigte. Vielleicht war es doch sinnvoll, in Palästina ein Stück Land zu kaufen? Für den äußersten Notfall? Er wusste von einem Verwandten in Prag, Willy, dem Stiefsohn seiner Schwester Franziska, der genau das gemacht hatte. Er war Anfang der Dreißigerjahre dafür sogar eigens nach Palästina gereist, dachte allerdings nicht ernsthaft ans Auswandern, soweit Isidor bekannt war. Willy besaß ein gut laufendes Unternehmen in Isidors altem Geschäftsfeld, eine Firma zur Erzeugung günstiger Lederwaren, Gürtel, Geldbörsen, Brieftaschen. Er lebte mit seiner Frau Annie und der Tochter Rita in einem schönen Haus in einem gediegenen Vorort von Prag, hatte keinen Grund, die Zelte abzubrechen. Es war wohl eher ein symbolischer Akt, möglicherweise auch eine Geldanlage. Er würde sich mit Willy in Verbindung setzen, um Genaueres zu erfahren.

Neue Verbindungen

Schon in den ersten Wiener Jahren verzeichnete die junge Witwe Franziska, einst Fejge Rudolf, kleinere und größere Erfolge. Zwei Jahre nach ihrer Ankunft in der Donaumetropole, 1912, konnte sie sich bereits einen Umzug in ein besseres Viertel leisten: Sie mietete eine geräumige Fünfzimmerwohnung im gutbürgerlichen 9. Bezirk Alsergrund an, die genügend Platz für Batja, Munio und sie sowie einen stattlichen Hutsalon bot. Nun konnte sie Kundschaft in größerem Stil empfangen, ihre Werkstatt in einem separaten Zimmer einrichten. Sie inserierte in Zeitschriften, vor allem denen der Israelitischen Kultusgemeinde, und knüpfte mit ihrer Kundschaft schnell auch freundschaftliche Kontakte.

Inzwischen hatte sie auch wieder Muße, über ihre private Zukunft nachzudenken. Immer mehr regte sich in ihr der Wunsch, sich wieder zu verbinden, einen Mann zu finden. Die Erfahrung ihrer Ehe in Galizien war bereits in weite gedankliche

Ferne gerückt, sie war von so kurzer Dauer gewesen und in keinerlei Hinsicht zufriedenstellend – die große Liebe stellte sie sich anders vor. Doch wusste Franziska: Die Suche nach einem geeigneten Kandidaten würde nicht ganz einfach werden, denn der müsste sie samt Anhang nehmen; allein war sie nicht zu haben. Da war noch Franziskas Mutter Batja, die im Alter zu Bitterkeit und Griesgram neigte, und ihr Sohn Munio, der sich zu einem Lausbuben entwickelt hatte und sowohl Mutter als auch Großmutter zu schaffen machte, wenn er seine Aufgaben für die Schule nicht erledigte und sich lieber mit anderen Jungen in den Gassen Wiens herumtrieb. Er war ein echter Draufgänger, schon das eine oder andere Mal unangenehm aufgefallen und bereitete den Frauen immer mehr Sorgen. Gleichzeitig schien auch ihm ein Vater zu fehlen.

Zwei Fotos von Batja finde ich in den alten Dokumenten in der Tel Aviver Wohnung meiner Großeltern: eines aus dem Jahr 1909 mit dem kleinen goldgelockten Munio an ihrer Seite, im Matrosenanzug gekleidet, ganz der Mode der Zeit entsprechend. Sie selbst in langem schwerem Rock und hochgeschlossener Leinenbluse, bäuerlich, schmucklos, die Haare unter dem Kopftuch zusammengehalten und bedeckt, wie es die jüdische Orthodoxie für Frauen vorschreibt, die Enden des Kopftuchs vorne um den Hals verknotet. Wasserblaue Augen, die gleichen, in die ich auch bei dem ältesten Sohn David blicke, schauen streng in die Kamera, um die Mundwinkel Falten, die schmalen, fest aufeinandergepressten Lippen zu einem zaghaften, einem fast bemühten Lächeln geformt. Sie wirkt alt, erschöpft, zermürbt.

Das zweite Foto von ihr, 1920, mehr als zehn Jahre später, zeigt eine elegant gekleidete Dame in langer Robe mit feinem Pelzkragen und Perlenohrringen, aufrecht auf einer Parkbank sitzend. Batja, die sich inzwischen Bessie nannte, in Wien. Geschminkt, das Haar elegant hochgesteckt. Der strenge Gesichtsausdruck ist geblieben. Doch ein gewisser Stolz umgibt sie, wie sie da sitzt und wohl während eines Spaziergangs, ganz ohne Sinn und Zweck und ohne Schufterei, verweilt.

Bereits mehrere Bewerber waren vor einer Verbindung zurückgeschreckt, als sie erfuhren, mit welchem Familiengepäck Franziska beladen war. Im Sommer 1914 entschied sie, sich ein wenig Urlaub zu gönnen und ins mondäne Ostseebad Heringsdorf zu reisen, um dort möglicherweise einen heiratswilligen Kandidaten ausfindig zu machen.

Doch die Entwicklungen der Weltpolitik machten ihr einen Strich durch die Rechnung: Es war der Vorabend des Weltkriegs. Sie musste ihre Reise nach einem vierwöchigen Aufenthalt Hals über Kopf abbrechen. Schnell machte sie sich wieder auf nach Wien, infolge des Transports Tausender Soldaten unter chaotischen Umständen.

Alle Männer ihres Alters wurden kurzerhand eingezogen, der Heiratsmarkt schien leer gefegt. Franziska musste ihre Wünsche und Bedürfnisse weiterhin zurückstellen, aber das war sie seit Jahren gewohnt. Auch der Hutsalon litt unter dem Kriegsgeschehen. Die Menschen hatten jetzt andere Sorgen als den saisonal passenden Kopfschmuck, zusätzlich wurde die Beschaffung von Rohmaterial immer schwerer für die Modistin. Welch Glück, dass ihr Bruder Isidor ihr immer wieder das eine oder andere beschaffen konnte – woher es wohl stammte? Sie spürte, dass ihr geschäftiger Bruder darüber keinerlei Auskünfte erteilen wollte. Also fragte sie nicht weiter.

Auch die Sorge um die Brüder bedrückte den Haushalt. Nathan und Rudolf wurden eingezogen und kamen an der Ostfront zum Einsatz. Der älteste Bruder David musste altersbedingt nicht mehr als Soldat dienen, entwickelte aber seltsame Anwandlungen und Angstzustände, die Franziska beunruhigten. Wenigstens Isidor blieb aufgrund seiner Position in einem kriegswichtigen Betrieb in der Nähe. Ein Segen für die Familie! Er half finanziell aus, als Franziska Einbußen verzeichnete. Und was ihre private Situation anging, übte sie sich in Geduld.

Mitten im Krieg, im Jahr 1916, sprach sie unerwarteterweise ihre Kundin Josephine Porges auf das sensible Heiratsthema an. Nicht ohne Hintergedanken: Ihr Schwager, Emil Grab, 1908 aus Prag mitsamt Familie nach Wien gekommen, stand als Witwer mit drei pubertierenden Jugendlichen allein da. Seine Ehefrau Ernestine war im Jahr zuvor an Krebs verstorben. Er war zu diesem Zeitpunkt 43 Jahre alt, Franziska befand sich in ihrem 33. Lebensjahr.

Es kam zu ersten Treffen, die erfreulich verliefen. Franziska war angetan von dem humorvollen und belesenen Prager Juden, der Inhaber einer Taschenfabrikation war. Assimiliert und engagiert, gutbürgerlich und durch und durch Sozialdemokrat: Die Mischung gefiel ihr. Die beiderseitige Begeisterung für gutes Handwerk bot jede Menge Gesprächsstoff. Und auch Emil verguckte sich sofort in die hochgewachsene Frau mit den aufwendigen Steckfrisuren und dem ausgeprägten Sinn fürs Schöne.

Apart und gepflegt im Äußeren, willensstark und fleißig war sie ihrem Traum nachgegangen und hatte sich verwirklicht. Davor hatte er Respekt.

Doch Emil wollte bei diesem großen Schritt in eine neue Ehe so wenig Risiken wie nur irgend möglich eingehen. Was, wenn er sich in dieser Frau täuschte? Stimmten all die Dinge, die sie über ihren Werdegang erzählte? Und was hatte es mit dem Familienanhang auf sich, den er bei einer Heirat voll und ganz zu akzeptieren, womöglich auch finanziell zu unterhalten hätte? Und war wiederum Franziska bereit, seinen drei heranwachsenden Kindern eine Art Ersatzmutter zu sein?

So beauftragte Emil nach einiger Überlegung und der Konsultation guter Freunde eine Privatdetektei, die die Dame und ihren Lebenswandel observieren sollte. Es handelte sich um das von der hohen k. u. k. Statthalterei konzessionierte Kredit-Auskunfts-Bureau »Bonität«.

Den Abschlussbericht der Observierung finde ich über hundert Jahre später unter den alten Dokumenten in unserer Tel Aviver Wohnung. Auf den vergilbten Vordrucken mit Briefkopf und Hinweis auf die Vertraulichkeit ist Folgendes zu lesen:

Streng vertrauliche Mitteilung ohne unser Obligo über: Franziska Rudolf, Wien IX. Porzellangasse 29.

Die Angefragte ist ca. 35–36 Jahre alt, aus Galizien stammend, aus einem kleinen Orte in der Umgebung Kolomeas. Sie ist eine geborene Geller, war an einen Ingenieur verheiratet, der jedoch nach kurzer Ehe infolge eines Herzfehlers starb. Sie ist seit etwa 10–11 Jahren verwitwet und Mutter eines 13-jährigen Knaben, den sie bei sich hat.

Frau Rudolf hat eine bessere Erziehung genossen, war in Kolomea, nachdem ihr der verstorbene Gatte kein Vermögen hinterließ, in einem Komptor als Komptoristin angestellt und kam vor etwa 6–7 Jahren nach Wien. Hier erlernte sie die Modisterei und machte sich vor etwa 4 ½ Jahren selbstständig, wobei ihr ihre Brüder und in erster Linie der Juris Doktor Ignaz Geller, Secretär im Landesverteidigungsministerium, materiell behilflich waren.

Sie hat sich im Laufe der Jahre gut eingeführt, zählt die bessere Klasse zu ihrer Kundschaft, bringt auch ganz hübsch ins Verdienen, hat sich aber bisher keine Rücklagen machen können, da sie für ihre Person größeren Brauch hat und großen Aufwand an Toiletten treibt.

Frau Rudolf ist eine fesche elegante Erscheinung, mehr blond, verkehrt ziemlich viel in Herrengesellschaft. Es ist jedoch nicht bekannt, dass sie irgendeinen besonders begünstigt hätte.

Es haben sich schon verschiedene ihrer Verehrer um sie beworben, sie macht jedoch große Ansprüche und reflektiert entweder auf einen sehr reichen Mann oder auf einen, der eine angesehene sociale Stellung einnimmt. Persönlich wird sie im Verkehre als sehr angenehm geschildert, lässt sich jedoch von ihrer Mutter, mit der sie zusammen wohnt, stark beeinflussen und wird Letztere als nicht sehr verträglich bezeichnet.

Die Geschwister, respektive ihre noch ledigen Brüder, die jetzt eingerückt sind, führen gemeinsamen Haushalt und tragen mit ihrem Verdienste im Civilberuf zur Wirtschaft bei.

Vermögen besitzt die Angefragte keines, was aus dem Umstande hervorgeht, dass selbst kleine Rechnungen erst nach wiederholten Mahnungen bezahlt werden.

Dereinst liegt absolut nichts Nachteiliges vor, was zu Ungunsten der Gefragten sprechen würde, sodass in Richtung einer eventuellen Verbindung mit ihr nichts im Wege stünde.

Wien, den 23. November 1917

Die Ehe wurde am 20. Januar 1918 geschlossen. Einige Wochen später, im Frühjahr, machten die Frischvermählten eine Reise nach Prag, Pilsen und Budapest, um Franziska Emils Familie vorzustellen.

Es standen große Veränderungen für alle Beteiligten an: Emil zog mit zwei seiner drei Kinder in die Wohnung von Franziska (der älteste Sohn Willy war als Soldat in Südtirol stationiert und kämpfte gegen Italien).

Die gerade volljährige Hedda war skeptisch gegenüber der nur fünfzehn Jahre älteren neuen Stiefmutter. Ihr Bruder Paul konnte den fast gleichaltrigen Stiefbruder Munio nicht ausstehen, mit dem er sich ein Zimmer teilen musste, von Anfang an gab es Gezänk und Handgreiflichkeiten. Zu unterschiedlich waren die beiden: Paul war ein ernsthafter und fleißiger Schüler, Munio verbrachte seine Zeit mit Kartenspielen in dubiosen Kaffeehäusern, zunehmend auch unter Einsatz kleinerer und größerer Geldsummen. Er trieb sich gern herum, nicht immer in bester Gesellschaft.

Großmutter Batja war diese neue Konstellation zu viel, auch wenn sie sich für ihre Tochter freute, dass sie einen neuen Mann an ihrer Seite hatte. Sie zog aus und kam bei ihrem Sohn Rudolf unter. Emils ältester Sohn Willy, der einen Offizierskurs absolviert hatte und zum Leutnant befördert worden war, ging nach Kriegsende nicht nach Wien, sondern zurück nach Prag.

Es war also jede Menge Bewegung durch die Heirat in Franziskas und Emils Leben gekommen, alles musste neu sortiert und organisiert werden, jeder in der Familie seinen Platz finden. Zumal sich schon bald Nachwuchs ankündigte: Im Februar 1919 wurde der gemeinsame Sohn Walter geboren. Mein Großvater.

Koffer

Das wohlsortierte Fotoalbum meines Groß-vaters Walter in der Tel Aviver Wohnung, das ich mir mehr als hundert Jahre später anschaue, zeigt sie alle: die Familie, die Freunde und Bekannten. Jeder Familienzweig, jeder Verwandte erhielt eine eigene Seite in seinem Album mit chronologisch sortierten Bildern oder einen eigenen Abschnitt – je nachdem, wie viele Fotos vorhanden waren und überlebt hatten.

Mein Großvater dokumentierte sein jugendliches Leben in Wien aufs Genaueste: seine Umgebung, die Sehenswürdigkeiten der Hauptstadt, Familienausflüge, bei denen gewandert, gepicknickt und gebadet wurde. Es ging nach Reichenau an der Rax, an den Semmering, nach Altaussee, ins Salzkammergut oder auch bloß zum Heurigen – man erklomm Gipfel, entspannte und sonnte sich in Liegestühlen, wartete auf eine Jause im Biergarten, fütterte Rehe und besichtigte Schlösser. Man trug Dirndl, Knickerbocker und Wanderschuhe oder adrette Kurkleidung, je nach Anlass und Saison.

Harmlose Fotos aus einer trügerisch harmlosen Zeit, aufgenommen Anfang der Dreißigerjahre. Nur kurz vor der Katastrophe. Die scheint auf diesen Bildern noch in weiter Ferne. Die Wiener kamen regelmäßig und gern mit Emils Prager Familie zusammen und unternahmen gemeinsame Ausflüge.

Da sind Gruppenbilder zu sehen, auf denen sich alle im geringelten Badetrikot polonaisehaft an den Schultern fassen, unbeschwert. Die Autopanne wurde ebenso fotografisch dokumentiert wie das Einsteigen in den Zug oder das schicke neue Motorrad von Schwester Hedda, vor dem sie stolz steht, das Hütchen keck seitlich auf dem Kopf. Auch Walters Klassenfotos finden sich im Album – Jahr für Jahr. Wie auch Fotos seiner Lehrer. Männer aus der Kaiserzeit. Einige mit ausufernden Schnauzern und Backenbärten, Monokel und Gehrock, andere in Knickerbockern, manche mit Hosenträgern und Fliegen, fast alle mit strengen Mienen.

Walters Geschwister erhielten jeweils ihre eigenen Albumseiten. Auch Willy, Walters ältester Halbbruder. Als Baby und Junge. Als junger Mann und Soldat, später als Offizier in Uniform im Ersten

Weltkrieg. Als gestandener Mann, das Haar mit Pomade ordentlich zurückgekämmt, in Nahaufnahme, leidenschaftlich und ein wenig verträumt in die Kamera blickend.

Das letzte Foto in dieser Folge zeigt einen Koffer. Es ist der Koffer, den Willy dabeihatte, als er nach Auschwitz deportiert wurde. Dort schickte man ihn, im Oktober 1944, direkt ins Gas. Das Foto des Koffers, auf dem in großen Lettern und in Druckschrift der Name WILHELM GRAB steht, wurde Jahre später in einer Ausstellung in der Gedenkstätte des Konzentrationslagers gezeigt.

Im alten Poesiealbum seiner Schwester Hedda finde ich Willys Eintrag, in kunstvoll gestalteten Buchstaben: »Das Leben ist ein Traum. Träume glücklich«, schrieb er 1912, neben einem mit Aquarellfarben kunstvoll gemalten Vogel.

Auch Rita, Walters Nichte, hat im Tel Aviver Fotoalbum ihre eigenen Seiten erhalten. Wir sehen Rita als kleines pausbäckiges Kind, x-beinig in ein adrettes Mäntelchen mit großen Knöpfen gehüllt an einer Wand lehnend. Als Heranwachsende, als junge Frau, auf Ausflügen in den Bergen mit der Wiener Familie – und ihr Hochzeitsfoto. Sie und ihr Bräutigam Josef Fuchs, vor einem Gebäude vermutlich irgendwo in Prag, herbstlich gekleidet in Hut und Mantel, in der Hand hält sie einen bescheidenen Blumenstrauß. Eigentlich ein normales, ein unauffälliges Foto von zwei Menschen an einem besonderen Tag ihres Lebens, es entstand im Oktober 1941. Ein junges Paar, dem das Glück, einander zu haben, ins Gesicht geschrieben ist – wären da nicht die Judensterne an beiden Mänteln.

Nur Annie, Ritas Mutter und Willys Frau, überlebte. Als Pianistin im Ghetto Theresienstadt. Nach dem Krieg ging sie bis an ihr Lebensende jeden Tag zum Prager Hauptbahnhof, in der Hoffnung, ihren Mann und ihre Tochter wieder in die Arme schließen zu können. Sie wollte und konnte sich nicht mit der Wahrheit abfinden.

Für viele Ausflüge reisten Emils Brüder aus Prag und Budapest an. Allesamt hatten sie solide Berufe und ein gutes Auskommen. Sie kleideten sich elegant, genossen das Leben. Und sie standen sich offenbar sehr nahe, das strahlen diese Bilder aus. Man hatte viel Spaß, lachte, freute sich, zusammen Zeit zu verbringen.

Wann Emil wohl vom späteren Schicksal seiner Geschwister erfuhr? Wie reagierte er, als die Nachricht kam, dass sein ältester Bruder Rudolf im Vernichtungslager Treblinka ermordet worden war? Und sein Bruder Alois in Budapest sich das Leben nahm, nachdem eine seiner Töchter nach Ausch witz deportiert worden war? Offenbar war für Alois klar, was dieser Ort bedeutete. Bertha, Emils einzige Schwester, wurde ebenfalls in Treblinka ermordet. Und Arthur, der dritte Bruder? Er ist auf dem Transport nach Auschwitz umgekommen. Ernst, der jüngste Bruder, kam zunächst in das Ghetto Theresienstadt, von dort ging es nach Raasiku in Estland. Wie die meisten Insassen seines Transports wurde er wahrscheinlich im Wald bei Kalevi-Liiva erschossen und verscharrt.

All diese Dinge spielten sich in den Jahren 1942 bis 1944 ab. Wie lebte es sich fortan für die wenigen, die nur um ein Haar überlebten?

Davids neue Welt

Von Onkel David, dem ältesten Bruder Isidors, existiert bloß ein einziges Foto, es hat mehrere Knicke und stammt aus dem Jahr 1924. Davids hellblaue Augen schauen nicht direkt in die Kamera. Sein dunkelblondes Haar ist onduliert und nach hinten gekämmt, unter dem Sakko trägt er eine Weste, der modische Rundkragen seines weißen Hemdes ist aufgestellt, dazu trägt er eine breite gestreifte Krawatte. In seinem Gesicht zeigt sich die Andeutung eines Lächelns. Es muss eine Phase in seinem Leben gewesen sein, in der es ihm gerade einigermaßen gut ging.

David, der von den Geschwistern als Erster nach Wien gekommen war, hatte eine gute Stellung als Vertreter einer englischen Firma für Lacke und Farben, Haroldson & Nicolson. Doch im Ersten Weltkrieg geriet seine wohlgeordnete Welt ins Wanken.

Der älteste Geller-Sohn war schon immer ein hochsensibler Mensch gewesen, ein wenig schreckhaft, mit seinen Kunden aber stets korrekt, diskret und fachlich kompetent.

Der Kriegsausbruch allerdings setzte der Zusammenarbeit der Engländer mit dem Habsburger Kaiserreich ein Ende. Doch David verstand partout nicht, warum die Briefe an seine Auftraggeber unbeantwortet blieben und ungeöffnet an ihn zurückkamen. Wollte ihm jemand etwas Böses? Für seinen persönlichen Ruin sorgen? Er konnte sich den Boykott seiner Person – so fasste er es auf – nicht erklären und fürchtete eine böswillige Intrige dahinter, eine Verschwörung. Seine Geschwister, allen voran Franziska und Isidor, versuchten, ihm immer wieder zu erklären, es herrsche Krieg, daher sei an Geschäftsbeziehungen mit den Engländern derzeit nicht zu denken. Die politischen Verhältnisse seien schuld an diesem Bruch, der nichts, aber auch gar nichts mit seiner Person zu tun habe. Die Welt stehe in allen Bereichen kopf, das habe leider auf jede und jeden Auswirkungen. Auch Franziska blieben schließlich die Kundinnen weg.

Doch David verstand das alles nicht. Seine Koordinaten waren gestört, all diese Veränderungen machten ihn wirr. Sein Blick war aufgescheucht, er schaute sich jede Minute in alle Richtungen um, murmelte unverständliche Dinge. Er witterte einen Verfolger, der ihn wirtschaftlich vernichten wollte. Die Geschwister fingen an, sich ernsthafte Sorgen um ihren Bruder zu machen. Franziska nahm David zu sich, er sollte bei ihr wohnen, sich von ihr umsorgen lassen. Er war ohnehin arbeitsunfähig, brauchte Ruhe und sicheren, liebevollen Halt. Doch die paranoiden Zustände des Bruders wollten sich nicht bessern, sie gipfelten in regelmäßigen Angstattacken und Wutanfällen. Er begann, Passanten auf der Straße plötzlich zu beschimpfen, das eine oder andere Mal wurde er sogar handgreiflich oder versuchte, die Wohnungseinrichtung zu zertrümmern. Franziska wusste sich nicht zu helfen; sie und ihr Mann Emil brachten David nach Steinhof, in die Psychiatrie. Was sie hier allerdings sahen, schockierte sie zutiefst: Menschen, die aufeinander losgingen, sich gegenseitig würgten, sich selbst zerkratzten, andere bissen und in Zwangsjacken gebändigt wurden. Nach wenigen Tagen beschloss die Familie, David aus diesem Grauen wieder herauszuholen.

Isidor bestand darauf, David umfassend untersuchen zu lassen, er beauftragte hierfür den damals bedeutendsten Psychiater Österreichs. Wien galt in jenen Jahren als Mekka der medizinischen Welt, und zu diesem Ruf hatte auch Professor Julius Wagner-Jauregg beigetragen, unter anderem Direktor der »Niederösterreichischen Landes-

heil- und Pflegeanstalt für Nerven- und Geistes-
kranke Am Steinhof«, wie es damals hieß. Er war
ein hagerer Mann mit strengem, kühlem Blick und
buschigem Schnauzer. Wagner-Jauregg sollte sich
nach dem Ersten Weltkrieg einen Namen mit seinen Behandlungen von Kriegsneurosen erwerben,
er experimentierte dabei mit einer elektrischen
Zwangstherapie. Und er entwickelte eine Fieber-
therapie zur Behandlung der progressiven Paralyse,
einem Spätstadium der Syphilis, wofür er 1927 den
Nobelpreis für Medizin verliehen bekam. Politisch
sympathisierte der renommierte Mediziner später
mit den Nationalsozialisten, sein Versuch, Mitglied der NSDAP zu werden, scheiterte allerdings,
denn Wagner-Jauregg war in erster Ehe mit einer
jüdischen Frau verheiratet. Regelmäßig trat er mit
eugenischen, rassenhygienischen und zutiefst mi-
sogynen Aussagen an die Öffentlichkeit.

Eine Behandlung bei dem berühmten Arzt war
nicht billig, selbstverständlich kam Isidor dafür
auf. Die Diagnose Wagner-Jaureggs war für die
Familie niederschmetternd: Davids Paranoia war
seiner Ansicht nach unheilbar. Lediglich starke Be-
ruhigungsmittel konnten die Ausbrüche und paranoiden Zustände lindern. Sie bewirkten allerdings,
dass David über Wochen und Monate in einer Ecke
saß und teilnahmslos ins Leere starrte. Ab und an

tauchte er aus seiner Apathie auf, er hatte durchaus auch helle Momente, sodass sein Umfeld immer wieder Hoffnung schöpfte, es könne sich alles zum Guten wenden.

Im Jahr 1924 fing David an, mit dem Gedanken zu spielen, ein neues Leben zu beginnen. In Amerika. Die Familie war erstaunt ob dieser Idee. Aber vielleicht wäre es eine Chance für David, in der Ferne, ganz unbelastet, einen Neuanfang zu versuchen. Durch die jahrelange Tätigkeit für die englische Firma sprach er ein solides Englisch. Man hörte von vielen Menschen, die nach dem Ersten Weltkrieg aufgrund der politischen Irrungen und Wirrungen und der starken Inflation das Land verließen und sich in die Neue Welt aufmachten. Nach anfänglichen Bedenken, ob David die Strapazen einer so langen Überfahrt allein meistern würde und die Herausforderung, sich ein neues Leben aufzubauen, befand man, er solle es versuchen.

Isidor kaufte dem Bruder, dem er zu Dank verpflichtet war, da dieser ihn als Neuankömmling in Wien bei sich aufgenommen hatte, die Karte für die Bahnfahrt und anschließende Schiffspassage. David war in den Tagen vor seiner Abreise alert wie lange nicht mehr. Seine Euphorie und Hoffnung zeigten sich in seinem Drang, sich mitzuteilen, hin und wieder sah man ihn sogar lächeln. Er war fest entschlossen, dort, in der Neuen Welt, glücklich zu werden.

Isidor nahm seinen Bruder mit in die Schneiderei Goldfarb, er sollte gut gekleidet sein neues Leben beginnen. Kurt Goldfarb gratulierte David zu seiner Entscheidung, das Land zu verlassen – Europa sei doch ein solch unsicheres Pflaster geworden, als Jude sei es sicherlich klug, sich in anderen Teilen der Welt umzusehen, erst recht an einem Ort, wo es nicht darum ging, wer man war, woher man kam, sondern: was man daraus machte. Warum also nicht *die goldene Medine,* wie er Amerika augenzwinkernd auf Jiddisch nannte. In New York gab es angeblich schon viele Juden, sicherlich mussten sie dort ihr Können unter Beweis stellen – aber eben zumindest, ohne von Antisemiten geschmäht zu werden. Für alle, die nicht den zionistischen Traum träumten, denen orientalische Gefilde und der heiße Wüstensand Palästinas nicht zusagten, war Amerika doch schlichtweg *die* Alternative. Ob David den Witz vom Juden kenne, der aus der Sowjetunion auswandert und an der Grenze sein Gepäck vorzuzeigen hat? Der Grenzbeamte fragt ihn, *was* das für eine Büste sei, die er mit sich trage. Darauf korrigiert ihn der Jude: »Nicht *was* ist das, sondern *wer* ist das?: Lenin!« Der Grenzbeamte ist entzückt und beeindruckt von so viel politischem

Rückgrat und wünscht dem Juden alles Gute im Exil. Als dieser in die USA einreist und auch dort vom Zollbeamten befragt wird, *wer* denn das sei, den diese Büste darstelle, korrigiert der Jude: Nicht *wer* ist das, sondern: *Was* ist das?, sei die richtige Frage, und die Antwort dazu laute: Platin! Typisch Goldfarb, dachte sich Isidor und lachte herzlich.

David wiederum freute sich über so viel guten Zuspruch des Schneiders. Ob Goldfarb selbst denn nicht auch vorhabe, anderswo ein neues Leben zu beginnen, fragte er ihn. Nun ja, antwortete Goldfarb, seine Söhne seien ja seit Kurzem in Palästina mit am Werk. Und vielleicht würde das Ehepaar Goldfarb eines Tages nachkommen, sobald der Boden bestellt war – im wahrsten Sinne des Wortes. Aber zunächst seien die beiden Söhne noch damit beschäftigt, anständig Hebräisch zu lernen. Man werde sehen, wann der geeignete Zeitpunkt kommen möge. Seine Frau Ella habe auch schon mit dem Gedanken gespielt, da ihre einstige Chefin Fräulein Landauer plane, in Jerusalem eine Dependance ihrer gut laufenden Ateliers in Mannheim und Frankfurt zu eröffnen – man wisse ja nie. Doch noch waren sich die Goldfarbs unsicher. Man habe gute Kundschaft, das Leben in der Donaumetropole sei nicht das schlechteste, und schließlich sei man auch keine zwanzig mehr. Aber in Davids Fall sei das doch eine ganz andere Geschichte und sicherlich der richtige Weg.

Der Abschied von David fiel den Geschwistern schwer. Zu groß war die Sorge, ob er all das, was er sich vorgenommen hatte, wirklich schaffen würde. Ganz allein, auf sich gestellt. Gleichzeitig wollte sich keiner vor ihm irgendwelche Zweifel anmerken lassen. Als der Tag der Abreise kam, machten alle gute Miene und begleiteten ihren Bruder zum Bahnhof. Isidors Fahrer, Herr Pinter, übernahm den Transport des Gepäcks. Franziska sorgte für die Verpflegung und stellte liebevoll ein großes Proviantpaket zusammen, die Brüder Rudolf und Nathan kümmerten sich um alles Bürokratische. Allesamt wünschten sie ihrem großen Bruder am Bahnsteig viel Glück dort drüben, jenseits des großen Teichs.

Doch Davids hoffnungsvoller Weg in die Neue Welt sollte bereits auf Ellis Island sein Ende finden: Die Einwanderungsbehörde befragte ihn eingehend, mehrere Untersuchungen folgten. Es wurde eine paranoide Schizophrenie festgestellt und David auf das nächste Schiff gen Europa verfrachtet.

Die kurze Euphorie, die lange, beschwerliche Reise, sie führten nur wieder zurück in die Ecke des Wohnzimmers seiner Schwester Franziska in Wien. Verstört, apathisch und gebrochen verbrachte David seinen Lebensabend in der Landespflegeanstalt Mauer-Öhling in Niederösterreich. Isidor kam für die kostspielige Unterbringung in dieser Einrichtung auf, hier wurde David gut behandelt und lebte in Ruhe und umsorgt von geschultem Personal. Seine Geschwister besuchten ihn regelmäßig, machten mit ihm Spaziergänge, versuchten, ihn immer wieder in das familiäre Geschehen einzubinden, sei es an Geburtstagen, zu der einen oder anderen Bar Mizwa oder den großen Pessach-Essen, die Franziska jedes Jahr ausrichtete. Doch Davids Lebensenergie schien für immer erloschen. Der Traum eines Neuanfangs blieb eine kurze Blitzsekunde im Leben des Handelsvertreters. 1935 starb er.

Der Privatlehrer

Walters schulische Leistungen waren heraus-ragend – zumindest in den ersten Jahren. Doch am Gymnasium zeigte er in der Mathematik Schwachstellen. Für Onkel Isidor unerklärlich. Mathematisches und wirtschaftliches Grundverständnis gehörten für ihn zu einer soliden Ausbildung, waren ein Schlüssel zum Erfolg. Am Intellekt des Jungen konnte es nicht liegen. Walter seinerseits liebte alles, was mit Sprache, Geschichte und Literatur zu tun hatte, hier glänzte er mit Lerneifer und einem phänomenalen Gedächtnis. Historische Jahreszahlen und die dazugehörigen Ereignisse waren seine Spezialität. Doch die Mathematik … Als seine Zensuren immer schlechter wurden, ermahnte Isidor den fast dreizehnjährigen Neffen, Abhilfe zu schaffen. Und so beschloss die Familie, einen Privatlehrer zu suchen. Da Walters Bar Mizwa Anfang der Dreißigerjahre ins Haus stand, kam es sehr gelegen, als sich auf das Zeitungsinserat hin ein jüdischer Mann meldete, der Mathematik, Hebräisch und Religion unterrichtete: Yehuda Mendel. Die Frage, ob Walter überhaupt die Einsegnung nach jüdischer Tradition vollziehen sollte, stellte sich für Franziska nicht. Sie hatte sich zwar aus der Orthodoxie befreit, ihr Verhältnis zum Judentum war aber offen und selbstbewusst, sie legte darauf Wert, an den hohen Feiertagen in die Synagoge zu gehen, in den Müllner-Tempel, in dem sie auch Emil geheiratet hatte, und die Tradition, wenn auch nicht im strenggläubigen Sinne, aber dennoch: wachzuhalten.

Ihr Bruder Isidor war schon lange kein offizielles Mitglied der Israelitischen Kultusgemeinde Wiens mehr. Diese Kreise und die jüdische Infrastruktur der Stadt interessierten ihn wenig, und die hohen Steuern, die man von ihm als Mitglied verlangte, war er nicht länger bereit zu zahlen. Dennoch zeigte auch er sich zu den hohen Feiertagen ab und an im Tempel – denn Tradition und ein gesundes Bewusstsein der eigenen Herkunft fand er ebenfalls wichtig. Isidor war gerne bereit, den Privatlehrer für seinen Neffen Walter zu bezahlen, und wenn er ihn auch noch auf die Bar Mizwa vorbereitete: umso besser.

Yehuda Mendel war ein orthodoxer Jude mit weltlichem Wissen, der mit seiner Familie aus Russland eingewandert war. Er hatte Pogrome überlebt und war mittellos in der Donaumetropole angekommen. Zunächst auf die Almosen und Wohlfahrtsbeiträge jüdischer Organisationen angewiesen, begann er, Nachhilfestunden anzubieten, und konnte damit sich und seine Familie in bescheidenen Verhältnissen über Wasser halten.

Walter ging zweimal die Woche zu ihm in die Leopoldstadt. Wenn er ehrlich war, hatte Walter Mühe, sich an diese Umgebung zu gewöhnen. Mendel bewohnte mit seiner Frau, den vier Kindern und den Schwiegereltern eine dunkle und feuchte Anderthalbzimmerwohnung im Erdgeschoss eines Hinterhauses. Die Zimmer waren kärglich eingerichtet, an den Wänden lehnten Matratzen, die offenbar des Nachts zu Schlafplätzen arrangiert wurden, in einem altmodischen Allesbrenner loderte stets ein Feuer. Es roch bei den Mendels immer modrig, dazu mischte sich der Geruch nach Essen und gerade gewaschener Wäsche.

Während der Nachhilfestunden wurden die vier Mendel-Kinder zum Spielen in den dunklen Hof geschickt, egal, bei welcher Witterung. An einem kleinen Schreibtisch, der mit einer Funzel beleuchtet war, fand der Unterricht statt. Die Verhältnisse schienen Walter geradezu mittelalterlich und erinnerten ihn an die seltenen Erzählungen seiner Mutter Franziska von ihrem Aufwachsen im galizischen Elend, sie sprach nicht gerne davon. Franziska bot Mendel mehrfach an, für die Stunden in ihre Wohnung an den Bauernfeldplatz zu kommen, nachdem Walter ihr von den Zuständen im Hause des Lehrers berichtet hatte. Und davon, dass er im Winter immer Schal und Wollmütze anbehielt, um nicht zu frieren. Doch Mendel lehnte partout ab. Offenbar bewegte er sich nur ungern aus seinem Viertel heraus in die große weite Stadt. Die gewaltvollen Erfahrungen seines bisherigen Lebens hatten Spuren hinterlassen, er hinkte und wirkte um Jahre älter, als er eigentlich war. Doch am Unterrichten schien Mendel Spaß zu haben, seine Augen blitzten auf, wenn er anfing, über die Heilige Schrift zu philosophieren. Walter konnte sich dennoch wenig für Religiöses erwärmen.

Die Nachhilfestunden zeigten immerhin erfreuliche Ergebnisse in der Mathematik. Was das Hebräische anging, so widerstrebte es Walter, die biblische Sprache zu lernen – wozu auch? Er sah keinen Sinn darin, sich mit den fremd klingenden Wörtern herumzuschlagen, dafür auch noch eigens eine andere Schrift, ein anders funktionierendes Alphabet zu erlernen. Latein und Altgriechisch bereiteten ihm großes Vergnügen, die antiken Sagen, die Texte der Philosophen, Dramatiker, Feldherren und Kaiser – ja, das gefiel ihm. Die biblischen Texte, auch noch in Aramäisch verfasst – sie berührten ihn wenig.

Doch Yehuda Mendel ließ nicht locker, er war ein strenger Lehrer, der die volle Aufmerksamkeit seines Schülers erwartete. Sein Glaube verband sich mit einer großen Sehnsucht nach dem Gelobten Land, Erez Israel, in dem die Juden endlich zu Hause wären. Diese große Heimkehr nach zweitausend Jahren war für ihn die eigentliche Aufgabe eines jeden Juden. Dieses Credo durchdrang alles, was er Walter mitgab. In Anbetracht der widrigen Lebensumstände des Hauslehrers, seines Familienlebens in dieser beengten, dunklen, feuchten Wohnhöhle, konnte Walter diese Sehnsucht sogar nachvollziehen. Sie schien im Falle Yehuda Mendels viel eher eine soziale als eine politische oder gar religiöse Frage zu sein.

Fräulein Frühling

Wien war, wenngleich aus ganz anderen Gründen als für Isidor, auch für Ilona die Flucht nach vorn. Sie wollte vergessen und lernen. In ihrer Heimatstadt Budapest wurde sie auf Schritt und Tritt an die große Tragödie ihres noch so jungen Lebens erinnert. Auch wenn sich nach ihrer Kindheit in großer Armut alles zum Besseren zu wenden schien, als sie Miklós Szávozd kennenlernte.

Die Verhältnisse, in denen das Mädchen Ilona in der so poetisch klingenden Vergissmeinnichtgasse aufgewachsen war, waren alles andere als idyllisch. Die kleine Wohnung der Familie Hajmássy lag in einer Mietskaserne inmitten eines heruntergekommenen Arbeiterviertels in Budapest. Die Eltern, Ferenc und Lídia, hatten es schwer – der Vater war körperlich stark beeinträchtigt und brachte als Schriftsetzer nur mit Ach und Krach die kleine Familie durch. Als der Erste Weltkrieg ausbrach, war Ilona vier Jahre alt – schon bald herrschte Lebensmittelknappheit, und die Eltern konnten ihre magere, anämische Tochter nicht mehr ausreichend ernähren. Sie schickten das Kind, dankbar für die Möglichkeit und gleichzeitig ängstlich, mit einer Hilfsaktion in die Niederlande. Bei den holländischen Pflegeeltern bekam die kleine Ilona alles, was sie brauchte – doch als sie 1918 wieder nach Hause geschickt wurde, waren ihr Budapest und ihre Eltern fremd geworden, und sie konnte sich mit ihnen nicht mehr verständigen. Alles Ungarisch war vergessen, Ilona sprach nur Holländisch. Nach und nach gewöhnten sich Kind und Eltern wieder aneinander.

Ähnlich wie Isidor spürte auch Ilona schon früh, dass sie sich aus der Misere ihrer Kindheit, der Armut und Tristesse herausstemmen musste. So ging sie in die Schneiderlehre und finanzierte mit ihrem schmalen Lehrlingsgehalt ihre ersten Gesangsstunden – allerdings heimlich, ihre Eltern hatte sie nicht in ihre Pläne eingeweiht. Nebenbei half sie bei ihrem Schwager, dem Mann ihrer älteren Halbschwester, im Friseursalon aus, föhnte und beobachtete die feinen Damen, die sich regelmäßig hier die Haare legen ließen – und träumte. Sie träumte vom Theater, von der Bühne, vom Singen und Tanzen. Eines Tages nahm sie all ihren Mut zusammen, sie war gerade mal fünfzehn Jahre alt, und stellte sich bei Ödön Lázar, dem Leiter des Budapester Königstheaters, vor. Obwohl sie damals nichts weiter vorzuweisen hatte als den großen Wunsch, irgendwie auf die Bühne zu kommen, gab er Ilona eine Chance als Statistin – so sehr beeindruckte ihn das Auftreten der hochgewachsenen Jugendlichen.

Ilona sammelte also erste Bühnenerfahrungen. Der Theateralltag gefiel ihr, sie liebte das Kribbeln, kurz bevor sich der Vorhang öffnete, das heiße Scheinwerferlicht auf der Haut und das Gefühl, von Hunderten Augenpaaren aus dem Publikum angeschaut zu werden, sie liebte die Kostüme, die Kulissen, die Musik, die großen Gesten, die hier in Szene gesetzt wurden und die Menschen für eine kurze Zeit in eine andere Welt entführten. Wie oft hatte sie selbst sich in ihrer ärmlichen Kindheit fortgewünscht, sich in ein Traumland fantasiert. Nun hatte sie es, Abend für Abend. Für ein paar Stunden zumindest. Auf der Bühne.

Mit eisernem Willen, einem ausgeprägten Selbstbewusstsein und ihren langen Beinen schaffte sie es ein Jahr später als *Girl* ans Komödientheater von Budapest. Das Haus – erbaut von den Stararchitekten Fellner und Helmer, die bereits in anderen Metropolen hochmoderne und prunkvolle Opernhäuser entworfen hatten – bot die ganz große Show und jede Menge Glamour. Aber nicht nur: Das junge Ensemble führte an einem Abend Werke von Bertolt Brecht, Anton Čechov, Ferenc Molnàr auf, und am nächsten fanden Revueabende statt, bei denen die so modernen Choreografien der Girls nicht fehlen durften. Ilona war eine von ihnen geworden und fand es großartig. Die Präzision, die glitzernden Kostüme, das strenge und aufreibende tägliche Training, das Gefühl, Teil eines Kunstwerks auf der Bühne zu sein, das nur funktionierte, wenn sich jede Einzelne an die Regeln hielt. Das allabendliche »Beine hoch!« forderte sie, zumal, wenn Gesang hinzukam. Und bei alledem hieß es: Lächeln! Für Ilona aber war diese Arbeit eine Stufe auf ihrem Weg. Sie war durchdrungen von dem Ziel, eines Tages aus der Menge herauszutreten.

Und ihr großer Tag kam. Durch einen Wink des Schicksals wurde die Opern- und Theaterszene auf Ilona aufmerksam:

Der Reporter eines Budapester Theaterblattes hatte die Idee einer poetischen Fotostrecke und suchte dafür in den Theaterhäusern junge Schönheiten, die die vier Jahreszeiten verkörpern sollten. Ilona fiel ihm sofort wegen ihrer hochgewachsenen Statur auf. Sie war eine der Auserwählten und wurde kurzerhand zu ›Fräulein Frühling‹. Der Fotograf war kein Geringerer als Martin Munkácsi –

eigentlich Márton Mermelstein, aber der Name klang ihm zu jüdisch, er hatte Angst vor antisemitischen Anfeindungen. Munkácsi wanderte kurze Zeit später in die USA aus und sollte einer der bedeutendsten Reportage-und Modefotografen des 20. Jahrhunderts werden. Dass Ilona und er sich Jahre später in den USA wiederbegegnen würden, das konnte 1934 in Budapest noch keiner von ihnen ahnen.

Die Jahreszeiten-Fotostrecke sorgte für einigen Wirbel. Vor allem ›Fräulein Frühling‹. Leserzuschriften ließen nicht lange auf sich warten. Auch Miklós Szávozd war hingerissen. Der Sohn eines wohlhabenden ungarischen Gutsbesitzers blätterte die neueste Ausgabe des Theaterblatts durch und verliebte sich augenblicklich in das reizende Geschöpf mit dem markanten Schönheitsfleck unterhalb des rechten Mundwinkels. Er setzte alles daran, den blühenden Frühling kennenzulernen. Allabendlich saß er in den Vorstellungen, in denen Ilona auftrat, und ließ sie keine Sekunde aus den Augen. Ilona fiel der Mann, der jeden Abend in derselben Loge Platz nahm, ebenfalls auf. War es wirklich sie, die er beim Applaus anschaute? Wer war er? War er derjenige, der ihr nach jeder Vorstellung Blumen in die Garderobe schickte? Auf dem kleinen Briefchen, das die Sträuße begleitete, stand immer nur »Ein Bewunderer«. Sie wurde neugierig. Es kam zu einem ersten Treffen. Die Begeisterung war beidseitig. Schon nach kurzer Zeit machte Miklós Ilona einen Heiratsantrag. Sehr zum Ärger seines standesbewussten Vaters. Der hatte sich für seinen Sohn eine weitaus bessere Partie erhofft.

Miklós hatte an einer deutschen Universität studiert, dort auch das Doktorat erworben und war nach seiner Rückkehr in die ungarische Hauptstadt bald zum Liebling der Gesellschaft geworden. Klug, elegant, eloquent, zuweilen auch nachdenklich war dieser junge Mann, den man zu Deutsch auch oft Nikolaus nannte. In einer Budapester Stadtzeitung stand über ihn zu lesen, »... *dass er in seiner Junggesellenzeit ein flottes Leben führte, ohne aber leichtsinnig zu sein. Eine leise Neigung zur Melancholie war selbst dann an ihm zu beobachten, wenn er bei einem Glas Champagner saß und schmeichelnde Geigenklänge hörte.*«

Er war ein begehrter Junggeselle, alle Verkupplungsversuche aus den Kreisen seiner Eltern blieben indes erfolglos. Denn Miklós war wählerisch, er wartete auf die ganz große Liebe, glaubte an das Schicksal, das ihm seine Auserkorene bringen würde. Und sei es in Form eines Fotos oder auf einer Theaterbühne. Schon kurz, nachdem sich Miklós und Ilona kennengelernt hatten, übernahm der verliebte Mann die Kosten für die weitere Ausbildung der jungen Künstlerin. Ilona besuchte wieder die Schule und machte dort das Abitur. Auf Miklós' Wunsch, beziehungsweise den Wunsch seines Vaters, gab sie – zähneknirschend – ihr Theaterengagement auf, erhielt jedoch weiter Unterricht bei einem Gesangsmeister namens Laszlo. Bis das Paar endlich heiraten konnte, verging allerdings noch Zeit. Miklós' Vater stand der Verbindung mehr als skeptisch gegenüber, ein ums andere Mal versuchte er, seinen Sohn zur Vernunft zu bringen, ihm dieses Showgirl auszureden, das so gar nicht respektabel und standesgemäß war. Doch schließlich stimmte der Vater der Heirat zu. Ihm war klar geworden, dass er seinem Sohn die große Liebe nicht würde ausreden können.

Die Hochzeit fand also statt, ein pompöses Fest. Doch die Verbindung stand unter keinem guten Stern, das zeigte sich schon sehr bald. Immer wieder kam es zum Streit über ein und dieselbe Frage: Ilonas Beruf. Hätte Ilona ihre beginnende Bühnenkarriere komplett aufgegeben, hätte die Familie sie möglicherweise akzeptiert – sie hätte ein angenehmes Leben haben können. Doch diese Einschränkung ging Ilona zu weit.

Sie versuchte sich eine Zeit lang als Heimchen am Herd und Herrin des Gutes, als perfekte Gattin, doch ohne Theater, ohne die Bühne, fiel ihr die Decke auf den Kopf. *»Ihr Theaterblut ließ sie nicht ruhen«*, lese ich in der *Oedenburger Zeitung; »Ich kann es nicht aushalten, mein Leben lang damit zubringen zu müssen, jeden Abend nachzurechnen, ob die 640 Kühe genügend Milch gegeben haben«*, soll sie einem Bekannten gesagt haben.

Ilona wurde unleidlich, launisch. Heimlich traf sie sich mit ihren Darstellerkolleginnen und klagte ihnen ihr Leid. Nach einem Jahr der Bühnenabstinenz stand ihr Entschluss fest: Ein solches Leben war ihr nicht genug. Schön waren die Kleider, die Möbel, der Komfort, aber es war belanglos. Gegen den Willen der Schwiegerfamilie nahm sie wieder Engagements an, probte, sang für neue Rollen vor, reiste zum Vorsingen ganz allein an verschiedene Orte in Ungarn und Österreich. Zum Entsetzen ihres Schwiegervaters, der seinen Sohn mehrfach ermahnte, diesem unanständigen Treiben ein Ende zu setzen. Die Ehe des jungen Paares bröckelte an allen Ecken und Enden. Oftmals wusste Miklós nicht, ob seine Gattin am Abend überhaupt nach Hause kommen würde, Ilona verschwand regelmäßig, ohne zu sagen, wohin. Ihr Schwiegervater war empört und machte seinem Sohn Vorwürfe, das habe er alles von Anfang an geahnt, Miklós müsse jetzt seinen Mann stehen, andere Saiten aufziehen, dem Frauenzimmer zeigen, wer der Meister sei. Es folgte ein Eklat nach dem anderen. Und Miklós wurde immer eifersüchtiger. Gegen den Beruf seiner Frau hatte er im Grunde nichts einzuwenden. Die Momente, in denen Ilona den Applaus auf der Bühne entgegennahm, machten ihn stolz. Aber diese ständigen Reisen allein …

Gefühle, Romantik, wahre Liebe – all das galt dem gestrengen Vater indes nichts, er stellte seinen Sohn nach langen Unterredungen vor die Wahl: entweder die Scheidung oder die komplette Enterbung. Dieses Ultimatum zwischen der Familie und seiner Frau bescherte Miklós schlaflose Nächte, die nervliche Belastung war dem jungen Mann anzusehen. Er trank zu viel, die dunklen Augenringe und eine fahle Gesichtsfarbe, sein ungepflegtes Auftreten fielen auf – in ganz Budapest wurde getuschelt, gemutmaßt, getratscht.

Die unstete Beziehung des jungen, glamourösen Paars rief die Budapester Boulevardpresse auf den Plan. Wie die Medien berichteten, blieben Ilona und Miklós in brieflichem Kontakt, trafen auch das ein oder das andere Mal in Wien oder in Budapest zusammen. Im Allgemeinen aber war

Dr. Miklós Szávozd für Nachrichten zur Karriere seiner Frau auf Zeitungsmeldungen angewiesen. So las er, dass Ilona in der Wiener Volksoper auftrat, sie sang unter anderem die Tosca. Eigentlich ein Grund zur Freude, Ilona bekam, was sie wollte: die große Bühne und eine große Partie. Der von Miklós finanzierte Gesangsunterricht hatte sich offenbar gelohnt. Doch die Überschrift eines Artikels ließ ihm die Schamesröte ins Gesicht steigen: *»Als die herrliche Tosca der Wiener Oper noch als Girl am Königstheater tanzte«.* Er wusste sofort, dass wieder ein Raunen durch die vornehmen Salons Budapests gehen würde. Mehr und mehr wurde ihm dieser Zustand unerträglich. In Gesprächen mit Freunden äußerte der verlassene Gatte die Befürchtung, dass seine Frau in Wien eine weitere Ehe schließen werde. Er war auch nach der Trennung noch eifersüchtig bis aufs Mark.

Miklós stimmte der Scheidung zu. Doch, so ließ er den Vater wissen, nur unter einer Bedingung: dass seine Familie Ilona 30 000 Pengö zahlte. Eine stolze Summe. Der Vater schluckte. Und willigte schließlich ein. Hauptsache, er war diese Person los.

»Ich wollte aus dir eine große Künstlerin machen, vergiss das nie!« – das waren Miklós' letzte Worte an Ilona, dann, kurz nach der Scheidung, schoss er sich eine Kugel ins Herz.

Die Zeitungen waren voll von Artikeln über das Unglück, überall wurde Ilona namentlich erwähnt. Selbst das *Sport-Tagblatt,* die Sportausgabe des *Neuen Wiener Tagblattes,* ließ es sich nicht nehmen, über den »*Selbstmord eines Millionärs*« auf seinem Gut in Lepseny am Plattensee zu berichten, das angeblich fünfzehn Millionen Pengö wert war.

Unter dem Titel »*Schicksalstragödie einer Familie*« berichteten die *Innsbrucker Nachrichten* ausführlich über das Geschehen, das einen weiteren dramatischen Verlauf nahm.

»*Das jüngst viel erörterte tragische Schicksal der Grundbesitzer Szávozd ist dadurch vollständig geworden, dass gestern auch der 65-jährige Vater Emil Szávozd sich erschossen hat. Einer seiner Söhne ist vor Jahren nach Argentinien ausgewandert und hat dort Selbstmord begangen, worauf der zweite Sohn unter dem Eindruck dieser Nachricht einem Herzschlag erlag. Der dritte Sohn hat sich, wie von uns gemeldet, vor einigen Tagen erschossen, weil seine geschiedene Frau, die Schauspielerin Ilona Hajmássy, nicht mehr zu ihm zurückkehren wollte.*«

Die *Illustrierte Kronen Zeitung* verfolgte die Geschichte ebenfalls.

»*Drei Brüder sterben an der Liebe. Zwei junge Menschen scheinen im Mittelpunkt der Tragödie zu stehen, die sich Sonntagvormittag in einer elegan-*

ten Garçonwohnung in Budapest vollendete, als sich Dr. Nikolaus Szávozd aus unglücklicher Liebe zu seiner in Wien lebenden Gattin eine Kugel in das Herz jagte. Aber nicht der tote Gutsbesitzer, nicht seine junge Frau sind die großen tragischen Figuren dieses Dramas – über ihnen empor ragt die Gestalt eines Greises, des Gutsbesitzers Emil Szávozd. Drei Söhne hatte ihm seine Gattin geschenkt. Zwei von ihnen gingen um der Liebe willen freiwillig in den Tod, weil die Liebe zu einer Frau sie unglücklich werden ließ. Und als der letzte der drei Brüder dem alten Vater eröffnete, dass er eine junge Künstlerin zu heiraten gedenke, wagte es Emil Szávozd nicht, dieser Verbindung, der er sich widersetzen wollte, die Einwilligung zu versagen, weil er fürchtete, dass dann auch Nikolaus freiwillig dem Leben entsagen würde. Das Opfer war vergeblich. Wohl konnte Dr. Nikolaus Szávozd die von ihm leidenschaftlich geliebte Künstlerin heiraten. Aber die Ehe ging in die Brüche – der Gatte blieb enttäuscht und verbittert in seiner Heimatstadt, während seine junge Frau, getrieben von dem großen Wunsch nach Erfolgen, nach Ruhm und nach Lorbeeren, ins fremde Land ging. Die unglückliche Liebe zur eigenen Gattin, die von ihm geschieden war, stürzte den jungen Budapester Kavalier, dem seine großen Geldmittel ein sorgenloses, freud-

volles Leben gewährleistet hätten, in Verzweiflung.«

Eine weitere Zeitschrift wusste folgende Geschichte zu berichten:

»Eine Kugel in das Herz – der dritte der Brüder Szávozd ist nicht mehr. Wenige Straßen weit harrt in einem der vornehmsten Hotels der ungarischen Hauptstadt der Vater des Besuches seines Sohnes. Er war nur deshalb gekommen, um ihn zu sehen. Emil Szávozd ist ein reicher Mann. Ein einsamer Greis saß im prunkvollen Hotelzimmer, geduldig harrte er des Augenblicks, in dem sein ›Niki‹ erscheinen würde. Ein leises Pochen an der Tür. Ist's der Erwartete? Szávozd sieht bekannte Gesichter, Freunde der Familie. Irgendetwas ist in ihren Mienen, das ihn erschrecken lässt. Nur zögernd kommen die Worte über die bleichen Lippen der Besucher. Und dann ein Aufschrei des Vaters: ›Es kann nicht sein, es ist nicht wahr!‹ Aber er muss sich die grausame Wahrheit eingestehen. In der Totenhalle liegt stumm und starr der dritte, der letzte seiner Söhne. Um die Lippen, die ein kleiner Schnurrbart zierte, spielte ein leichtes Lächeln – das Lächeln eines müden Mannes, der den Frieden gefunden hat. Seine gebrochenen Augen sehen nicht mehr den alten Vater, der in fassungslosem Schmerz an der Bahre steht. Nichts mehr ist dem Greis geblieben

als seine Tochter. Und von ihr weiß er, dass auch sie kein Glück gefunden hat – sie ist im Begriff, sich von ihrem Gatten scheiden zu lassen. Sie alle, die dieser Familie angehörten, sind reiche, vielbeneidete Menschen. Alles, was das Schicksal ihnen gab, erschien ihnen gering, gemessen an dem Leid, das die Liebe über sie brachte.«

Miklós' Selbstmord hatte sich an einem Sonntagvormittag ereignet. Am selben Nachmittag noch reiste Ilona aus Wien ab. Fünf Stunden später traf sie in Budapest ein, sie wurde bereits erwartet. Beim Wiedersehen mit den Bediensteten brach sie, so wurde berichtet, in gellende Schreie aus. Als sie sich beruhigt hatte, erklärte sie, dass sie, um diese Tragödie zu verhindern, nicht nur ihren Beruf als Künstlerin, sondern auch ihr Leben liebend gern hingegeben hätte. Doch: zu spät! Auch ist kolportiert, dass die junge Frau eine schlaflose Nacht verbrachte, obwohl man ihr Medikamente verabreichte. Sie ließ sich nicht davon abbringen, von dem Toten Abschied zu nehmen. Am frühen Morgen des nächsten Tages also fuhr sie in einem Taxi zur Leichenkammer. Gestützt von Freunden ihres toten Gatten und einem Polizeioffizier trat sie auf die Bahre zu, *»auf der unter einem weißen Linnen die Leiche ihres Gatten lag. Mit einem mark-*

*erschütternden Aufschrei brach sie zusammen.
Dann wimmerte sie: ›Wie konntest du das tun!‹ Als
sie sich gefasst hatte, drückte sie dem Mann, der an
der Liebe zu ihr gestorben war, einen Kuss auf die
bleiche Stirn. Dann ging sie davon.«*

Ilona war bei der Beerdigung nicht zugegen, sie
wollte sich und ihrem Schwiegervater ein Wiedersehen ersparen.

Frühlings Flucht

Ilonas Karriere hatte gerade ein wenig Fahrt aufgenommen, als sich das Drama ereignete. Die Rolle der Tosca war zwar eine glückliche Ausnahme geblieben, doch sie durfte an der Budapester Staatsoper und an einigen Wiener Theatern immerhin regelmäßig kleine Rollen singen. Für Ilona gab es nur eine Möglichkeit, der tragischen Geschichte ihrer ersten Ehe zu entkommen: Sie musste weg. Endgültig nach Wien. Wenigstens war dort ihr alter Freund Jenö Zádor (der sich später im amerikanischen Exil Eugene Zádor nennen würde). Zádor hatte in Wien bei Max Reger Komposition gelernt, lehrte später selbst am Wiener Konservatorium und hatte sich bereits in den 1920er-Jahren einen ausgezeichneten Ruf als Komponist erarbeitet. Seine Opern wurden an großen Häusern in Wien und London gespielt. Regelmäßig kehrte er auch nach Budapest zurück, wo ihn Ilona in ihren jungen Jahren oft auf Premieren traf. Zádor vermittelte Ilona in Wien Unterrichtsstunden bei einem Kammersänger, Franz Steiner, der sich vor allem mit den Liedern von Richard Strauss einen Namen gemacht hatte – der Komponist höchstpersönlich begleitete Steiner gerne am Klavier. Steiner wiederum stellte seine junge Schülerin dem Bariton Hans Duhan vor, der seit 1931 auch als Lehrer für Operndramatik an der Wiener Musikakademie wirkte. Duhan riet Ilona, weiter an sich zu arbeiten.

Ilona stürzte sich in die Arbeit, einfach, um zu vergessen und nicht zurückzublicken. Sie bewarb sich als Komparsin beim Film, und, tatsächlich: 1934 bekam sie einen Anruf von der Projectograph-Film Oskar Glück GmbH, Wien. Für zwei österreichische Produktionen hatte man sie ausgewählt. In einem Film des Regisseurs E. W. Emo, einem musikalischen Verwechslungslustspiel mit Heinz Rühmann, Theo Lingen und Musik von Robert Stolz, gab Ilona die Operettendiva Fioritta. *Der Himmel auf Erden* wurde ein mäßiger Erfolg. Wie auch ihr zweiter Film *Knox und die lustigen Vagabunden. Zirkus Saran*, einem eher bescheiden-komischen Unterhaltungsfilm, in dem immerhin Pat und Patachon mitspielten, der aber 1935 bei der Kritik durchfiel. Ilona durfte hier als Teil der Zirkustruppe schmachtende Heimatschnulzen von sich geben.

Ab und an wurde sie für Operettenproduktionen nach Budapest geholt und sang am dortigen Erkel-Theater, der ehemaligen Volksoper, kleine Partien. Mühsam war das Geschäft. Nach der Tosca war ihr keine große Rolle mehr angeboten worden, und finanziell konnte sie sich gerade so über Wasser halten. Das Geld, das ihr Miklós bei der Scheidung überlassen hatte, war schnell aufgebraucht.

Mitte der Dreißigerjahre lernte sie über die Kammersänger Steiner und Duhan einen netten Herrn kennen, der um einiges älter war als sie. Sein Name war Isidor Geller, man munkelte, er sei mehrfacher Millionär. Er hatte ein Faible für das Opernfach und gute Unterhaltung, und, das musste man ihm zugestehen, ein feines Gespür für Stimmen und Musikalisches. Jedes Mal, wenn Ilona ins Grabencafé kam, suchte Isidor das Gespräch mit der Nachwuchssängerin, machte ihr unaufdringliche Komplimente und brachte sie zum Lachen.

Nach einigem Zögern akzeptierte sie die Einladung des Herrn Kommerzialrats Geller, sie zum Abendessen auszuführen. Aus dem einen Abend wurden mehrere Abende und schließlich eine amouröse Liaison. Isidor war es auch, der Ilona den Tipp gab, ihre Herkunft ein wenig zu vertuschen, ihren Namen zu »vergolden«, wie er es nannte – schließlich war sie ja mit einem Gutsbesitzer verheiratet gewesen, ein »von« vor ihrem Nachnamen würde sich in der Wiener Gesellschaft gut machen. Wer etwas wollte, der musste sich schon etwas einfallen lassen, auch wenn man dabei ein wenig trickste. Er kannte sich aus.

Durch seine guten Kontakte zum Operntheater konnte Isidor einen Deal arrangieren: Er bezahlte dem Haus eine großzügige Summe, dafür durfte Ilona auftreten. Es war zwar nur eine kleinere Nebenrolle, aber immerhin! So konnte sie erzählen, dass sie auf der renommierten Bühne gesungen hatte. Es musste ja keiner wissen, dass es lediglich die Minimalpartie einer Priesterin in Verdis *Aida* gewesen war, die nicht einmal einen eigenen Auftritt hatte, ihre Stimme erklang nur hinter dem Vorhang.

Doch eines Tages bot sie sich ihr: die große Chance. Ein Anruf aus Budapest, vom Stadttheater. Die Starsopranistin Mária Németh sei erkrankt, es habe sich nach vielen Anfragen noch immer kein Ersatz gefunden. Die Németh gab die Hauptpartie in Emmerich Kálmáns *Kaiserin Josephine*. Ob Ilona sich zutraute, die Rolle zu übernehmen. Ilona zögerte nicht lang. 48 Stunden blieben ihr für die Vorbereitung, 48 Stunden, um sich und dem Publikum zu beweisen, dass sie das Zeug für große tragende Rollen hatte. Tagsüber wurde probiert, nachts Text gelernt. Trotz gewaltigen Lampenfiebers meisterte sie den Auftritt mit Bravour, der Applaus wollte und wollte nicht enden, schnell sprach man in Budapest von einer Entdeckung, der neuen Operettenkönigin Ilona *von* Hajmássy.

Isidor reiste zur Premiere aus Wien an, das ließ er sich nicht entgehen. Bei Goldfarb hatte er sich extra einen seiner Anzüge auffrischen lassen, er wollte als der Mann an Ilonas Seite erkannt werden und hatte daher den Schneider gebeten, den Anzug farblich auf ihr Kostüm abzustimmen. Ella Goldfarb hatte für Isidors Einstecktuch eigens den verwendeten Stoff aus dem Budapester Opernhaus kommen lassen. Isidor liebte solcherlei Details und Spielereien. Und er platzte vor Stolz. Gleichzeitig wurde ihm mulmig beim Gedanken an die Aufmerksamkeit, die die junge Frau nun erfahren, die Angebote, die sie erhalten würde.

Offen gestanden hatten ihm Bekannte bereits gesteckt, dass Ilona, die sich immer wieder aus beruflichen Gründen in Budapest aufhielt, dort schon länger eine Affäre mit einem Schriftsteller und Theaterkritiker hatte, einem gewissen Zoltán Egyed. Bitter. Ein Bekannter hatte ihm sogar geraten, einen Privatdetektiv auf die Geliebte anzusetzen. Doch Isidor wollte davon nichts wissen.

Auch Isidors Geschwister beargwöhnten seine Liaison mit der ehrgeizigen und so viel jüngeren Dame, die sie hinter vorgehaltener Hand die *goyische Soubrette* oder die *langbeinige Schickse* nannten. Rudolf und Franziska hatten gar versucht, ihm ins Gewissen zu reden, ihm klarzumachen, dass diese angebliche Fürstin nur an seinem Reichtum und seinen Kontakten interessiert sei. Isidor hatte mit einem Wutausbruch reagiert – auch wenn er sehr wohl wusste, dass es nur eine Frage der Zeit wäre, bis seine Ilona sich einen anderen großzügigen Gönner suchte. Einen, der ihr gesellschaftlich oder als Mann mehr bieten konnte.

Hedda, Isidors Nichte, Walters Halbschwester, sprach von allen am schlechtesten über Ilona. Selbst Opernsängerin, war sie im gesamten Habsburgerreich von Bühne zu Bühne gereist, hatte die großen Partien gesungen und wurde schließlich am Deutschen Theater in Prag als Altistin engagiert. Sie war ein Stück älter und erfahrener als Ilona und kannte das Geschäft. Hedda konnte Ilona nicht ausstehen, empfand ihre Zuwendung zum Onkel als heuchlerisch. Auch gesanglich hielt sie nichts von ihr: Ilonas Talent reichte laut Hedda gerade, um seichte Unterhaltung zu präsentieren, ihre Stimme würde sich vielleicht in Nachtklubs gut machen mit ihrer Trällerei und dem nervösen Tremolo.

Doch wahrscheinlich, so tröstete sich Isidor, sprach daraus nichts als Neid. Hedda hatte großes Pech in der Liebe, war sogar auf einen Schürzenjäger namens Gustl Kernmayr hereingefallen, der schon seit Ende der Zwanzigerjahre als »Stier der Steiermark« berüchtigt war und es auf die Mitgift von Töchtern aus gutem Hause abgesehen hatte. Seine halbkriminelle Vergangenheit und die angehäuften Schuldenberge versuchte Kernmayr – dem die Frauen angeblich reihenweise verfielen – mit geschickt geschlossenen Ehen wettzumachen. Als Hedda dies nach der Hochzeitsreise klar wurde, reichte sie schnell die Scheidung ein. Kernmayr hatte gedacht, er heirate in eine reiche Fabrikantenfamilie ein, wie er später in seinen Memoiren ungeniert berichtete. Fehlanzeige. Neuerdings poussierte dieser Kernmayr mit den Nazis, so hörte man, und versuchte sich als Drehbuchautor bei der Ufa. Dass Hedda weiterhin seinen Nachnamen trug, konnte Isidor nur schwer verstehen. Nach ihren Tourneen mit diversen Operntruppen kehrte Hedda immer wieder zu ihrer Familie nach Wien heim und brachte ganz selbstverständlich ihre wechselnden Liebhaber mit – zuletzt einen Kapellmeister Heller, den sie vergötterte und der es besonders originell fand, ein Stinktier als Haustier mit sich zu führen. Endlose Diskussionen mit

Vater und Stiefmutter waren vorprogrammiert. Franziska war ein ums andere Mal am Rande ihrer Kräfte, sie hatte schon genug Scherereien mit Munio, dessen halbseidene Geschäfte ihr Sorgen bereiteten. Bis auf Walter, der zu einem vernünftigen jungen Mann heranwuchs, schienen sich alle anderen Nachkömmlinge noch nicht gefunden zu haben. Doch nur selten beklagte sie sich bei ihrem Bruder Isidor. Einzig ein Ausspruch kam ihr gelegentlich über die Lippen, wenn es um die zahlreichen Liebhaber ihrer Stieftochter ging: »Mein Bett ist kein Kibbuz!«

Wie auch immer, Isidor schätzte seine Familie, aber auf ihren Rat in Liebesangelegenheiten konnte er liebend gern verzichten. Und kam dennoch manchmal ins Grübeln. War es wirklich Liebe, die Ilona für ihn empfand? Ihre Zärtlichkeiten waren ihm Balsam, aber Ilona war Mitte zwanzig, er fast fünfzig. Würde sie bei ihm bleiben? Er wagte es kaum zu hoffen.

Das Wiener Operntheater meldete sich nun immer öfter. Es waren kleine Rollen und kurzfristige Vertretungen, die Ilona angeboten wurden – dennoch: auf einer Opernbühne von Weltrang.

Die Spielpläne geben Aufschluss über ihre Engagements: Neben der Priesterin in Verdis *Aida* durfte sie in zwei Vorstellungen die Lola in *Ca-valleria Rusticana* geben, sie spielte in *Der Bettel-student,* einmal sprang sie als Lucienne in Korn-golds Erfolgsoper *Die tote Stadt* ein, sie sang einen der Knaben in Mozarts *Zauberflöte,* ab und an die Rosita in *Don Quixote,* die Vertraute in Strauss' *Elektra* und sogar drei Vorstellungen als Gretel in Humperdincks *Hänsel und Gretel.* Einmal holte man sie als Ersatz für eines der Blumenmädchen in Wagners *Parsifal,* die Ines in *Il Trovatore* sang sie immerhin zehn Mal. In *La Traviata* war sie leider nur ein einziges Mal zu hören – als Flora Bervoix, es war ein Notfall, sie war die einzige Sängerin, die einspringen konnte. So auch in Glucks Dauer-brenner *Orpheus und Eurydike,* wo ihr ein seliger Schatten zugesprochen wurde. Dafür aber sang sie zehnmal mit Bravour Kate Pinkerton in *Madama Butterfly,* auch in *L'Africaine* wartete sie als Anna siebenmal auf, ebenso als Gräfin Ceprano in *Rigo-letto.*

In den Jahren 1935 und 1936 arbeitete sie sich zu einer zuverlässigen Zweit- und Drittbesetzung em-por. Auch in den großen Inszenierungen des Hau-ses. Das hatte sie vor allem Hans Duhan zu ver-danken, der sie förderte, wo es nur ging. 1937 dann wurde sie endlich als festes Ensemblemitglied für eine Saison verpflichtet.

Isidor, der bei jedem noch so kleinen Auftritt Ilonas im Publikum saß und ihr Champagner und Blumen in die Garderobe bringen ließ, gab aus diesem Anlass ein feierliches Bankett für seine Geliebte. Ihre Karriere schien auf dem allerbesten Wege zu sein.

Doch lange konnte sich Isidor nicht mehr daran erfreuen. Denn nur kurz, nachdem Ilona ihr Engagement am Wiener Operntheater antrat, kündigte sich Besuch aus Amerika bei Frau von Hajmássy an. Eine Delegation aus Hollywood war in Europa unterwegs, um interessante Kandidaten für die Traumfabrik zu suchen. Talentscouts der Metro-Goldwyn-Mayer bekamen Namen vielversprechender Schauspieler und Sängerinnen zugesteckt, darunter auch Ilonas. Und so kam es zu einem Treffen mit Louis B. Mayer, der nicht nur in Ilonas Stimme und Art der Bewegung viel Potenzial erkannte, sondern vor allem in ihrer sehr eigenen Schönheit, denn sie hatte es, das »gewisse Etwas«.

Späte Zeugen

In einem der Fotoalben in der Tel Aviver Wohnung meiner Großeltern suche ich nach Beweisen. War diese Liaison von Isidor und Ilona bloß eine Familienlegende, oder gab es sie wirklich? Schon bald finde ich Fotos, die ganz deutlich belegen, dass die beiden einige Jahre lang ein Paar waren. Mein Großvater Walter hat sie fein säuberlich datiert und ab und an auf der Rückseite beschriftet.

Isidor zeigt sich stolz mit seiner jungen Geliebten in der Öffentlichkeit, in einer Hand eine dicke Zigarre, mit der anderen Hand die Umklammerung, die Berührung suchend. Hell gewandet flanieren die beiden auf der Promenade irgendeines Kurorts – er in weißen Bermudas, die einen Bauchansatz erkennen lassen, und weißem kurzärmligen Hemd, die Krawatte in den Hosenbund gesteckt, die Socken bis zu den Knien hochgezogen, dazu zweifarbige Budapester Schuhe. Ilona in weißer Marlene-Dietrich-Hose, einer modischen, diagonal gestreiften Bluse mit übergroßem Kragen und onduliertem Bubikopf. Auf einem anderen Bild sind die beiden mit Hund Pascha zu sehen. Der macht brav Herrchen, Ilona und Isidor blicken entzückt – Ilona trägt ein etwas altbacken wirkendes Dirndl, dazu aber hochelegante Tanzschuhe.

Besonders sticht mir ein Foto ins Auge: Ilona sitzt in Badekostüm und Badekappe auf einem Holzpflock am Ufer eines Sees. Im Hintergrund bewaldete Hügel. Rechts und links von ihr zwei Herren, sie umarmt sie beide, hält sich an ihnen fest – der eine ebenfalls im Badedress, der andere, mein Urgroßonkel, in seinem hellen Urlaubsoutfit samt Krawatte. Offenbar war er nicht mit im Wasser, hatte sich gegen den Badespaß mit den beiden anderen entschieden. Warum? Konnte er überhaupt schwimmen? Und: Wer der andere Mann wohl war? Er schaut jedenfalls selbstbewusst und strahlend in die Kamera. Dagegen lacht Isidor etwas theatralisch, mit aufgerissenem Mund, dem athletischen Halbnackten zu – ob er eifersüchtig war, meinte, seinen Platz an Ilonas Seite verteidigen zu müssen?

Auch von Walters Halbschwester Hedda gibt es viele Fotos, fein geordnet kleben sie im Familienalbum. Es sind Opernfotos und Künstlerporträts. Hedda als *Carmen,* Hedda in einer Hosenrolle im *Rosenkavalier*. Hedda in dramatischen Posen, mit stilisierter Mimik, in diversen Kostümen und aufgetürmten Perücken, stark geschminkt. Porträtaufnahmen in Filmstarmanier. Mit auffällig langen Wimpern. Ihre Gesangskünste retteten ihr das Leben. Heddas Exmann, der Heiratsschwindler Gustl Kernmayr, der inzwischen bei den neuen Nazimachthabern aufgestiegen war und persönliche Kontakte zu Goebbels und Hitler pflegte, sorgte dafür, dass Hedda nicht nach Auschwitz deportiert wurde, sondern »lediglich« in das Ghetto Theresienstadt kam. Dort wurde sie – wenn sie nicht Zwangsarbeit in der Glimmerspalterei leistete – mit der Produktion ganzer Bühnenprogramme betraut und sang Operetten, Opern und Lieder. Unter widrigsten Umständen, immer mit der Angst im Nacken, am nächsten Tag »gen Osten« transportiert zu werden.

Sie erlebte die Befreiung und wanderte in die USA aus.

Traumfabrik

Der Abschied von Ilona fiel Isidor mehr als schwer. Gleichzeitig war ihm klar, dass sie diese Chance nicht vorbeiziehen lassen durfte. Sollte sie in den USA bleiben, würde er sie besuchen kommen. Mittlerweile konnte man die lange Reise über den Atlantik auch mit dem Flugzeug antreten, das war zwar kostspielig, aber für Isidor selbstverständlich kein Problem. Bis dahin würde man sich schreiben. »Falls ich Erfolg habe, wirst du eh von mir hören«, witzelte Ilona.

Sobald bekannt geworden war, dass Hollywood die junge Sängerin rief, traten die Journalisten auf den Plan. Alle wollten ein Interview mit der hoffnungsvollen Entdeckung machen. Plötzlich hagelte es auch Anfragen verschiedenster Bühnen. Das Telefon im Hotel Kummer, wo Ilona residierte, stand nicht mehr still. Um den zuweilen aufdringlichen Reportern zu entkommen, zog Ilona zu Isidor, der wusste, dass er nun jede einzelne Sekunde mit seiner Geliebten auszukosten hatte.

Der Tag ihrer Abreise kam. Zunächst ging es nach London, dann nach Frankreich und von dort aus in die USA. Sie setzte mit der ›Normandie‹ von Cherbourg über. Schon auf der Reise war sie keine Sekunde mehr allein, ein Tross von Mitarbeitern der Metro-Goldwyn-Mayer-Studios war für sie zuständig und organisierte sämtliche Alltagsdinge für sie.

Einige Jahre später berichtete sie in diversen Interviews über diese aufregende, aber auch fordernde Anfangszeit: In den USA angekommen, begann Ilonas neues Leben nach einem strengen Arbeitsplan samt Hollywood-Diät: Ihr Tag fing jeden Morgen um halb sieben an mit einem Frühstück, bestehend aus Orangensaft oder Milch und einer Pflaume. Dann wurde sie von der jungen Olly massiert. Der Fahrer Tommy kutschierte Ilona für die erste Gesangsstunde des Tages zu Maestro Romani, danach gab es Englischunterricht, gefolgt von einer zweiten Gesangseinheit. Anschließend wurde gedreht, bis zur Mittagspause um 13 Uhr. Die dauerte genau eine Stunde, Ilonas Lunch bestand aus einer Banane, einem Apfel, einem Keks und Orangensaft. Und schon stand ein Schauspiellehrer auf der Türschwelle, um mit ihr zu arbeiten. Abends, nach dem Verzehr von Sellerie oder ein wenig Petersiliengrün und einer Rübe, schaute Ilona sich Filme an, sie musste lernen zu beobachten, zu analysieren, zu verstehen, wie Film funktionierte und was von ihr verlangt wurde.

In ihren Träumen, so erzählte sie später, sah sie die ungarischen Schweinekoteletts mit grüner Pfeffersauce nur so an sich vorbeifliegen. Doch die junge Frau wahrte eiserne Disziplin, das hatte sie sich geschworen, als sie mit einer ganzen Gruppe hoffnungsvoller, talentierter Kolleginnen und Kollegen über den Atlantik schipperte und sich mit der Österreicherin Hedy Kiesler ausmalte, was sie wohl, so fern der Heimat, in der weltberühmten Traumfabrik erwarten würde. 36 Nachwuchsschauspielerinnen und -schauspieler waren es mit ihr zusammen – nur Ilona und Hedy, die später den Künstlernamen Lamarr annahm, sollten es schaffen.

Europäische Filmzeitschriften berichteten über die *foreign imports,* die europäischen Neuankömmlinge in der Traumfabrik. So zeigte ein Hochglanzmagazin unter der Überschrift »Eben in Hollywood angekommen – und schon ein anderes Gesicht« Porträtaufnahmen von Ilona und Hedy – beide modisch gekleidet, perfekt zurechtgemacht und dramatisch in Szene gesetzt.

Auch Isidor blätterte die entsprechenden Zeitschriften, die in den Kaffeehäusern auslagen, durch und sah sich mit einem Stich im Herzen die Artikel und Fotos an. Glamourös wirkte seine Ilona. Isidor fühlte sich bestätigt, er hatte immer daran geglaubt, dass sie zu Höherem berufen war. Wie gern wäre er nun, in diesem wegweisenden Moment, an ihrer Seite gewesen. Doch das hatte sie ihm in ihren Briefen unmissverständlich untersagt. Sie wollte, musste und konnte nur allein diesen großen Sprung machen. Ungebunden, autonom, ungestört.

1937 spielte sie bereits in einem Hollywoodfilm mit: *Hoheit tanzt inkognito*, wie dann später auch in *Balalaika* von 1939 an der Seite des Schauspielers Nelson Eddy. *»Sie sieht aus wie die Dietrich, spricht wie die Garbo, und es ist nur noch eine Frage der Zeit, bis sie uns von den Titelseiten der Hochglanzmagazine zulächeln wird«*, schrieb die *New York Times* über sie. Nur ihr Name war noch zu exotisch und schwierig für Hollywood. Mit der Transformation einer ungarischen Schönheit zu einem mondänen blonden Vamp ging auch ihre Namensänderung einher. Ilona Massey war geboren. Und dieser neue Name prangt heute noch, in einen Stern gefasst, auf dem berühmten *walk of fame* in Hollywood.

Ungarn feierte seinen Hollywoodstar in allen großen Zeitungen – empörte sich jedoch über den amerikanisierten Namen. Dem Showbiz müsse sie sich nun einmal fügen, erklärte Ilona in einer öffentlichen Antwort für ein ungarisches Blatt und versicherte, sie sei trotz allem für immer und ewig Ungarin und liebe ihre Heimat.

Zehn Spielfilme hat Ilona für die Traumfabrik gedreht, darunter 1943 *Frankenstein Meets the Wolf Man*, Agenten- und Spionagethriller, in denen sie laszive Ladys verkörperte, zuletzt 1949 *Love Happy* an der Seite der Marx Brothers und der noch jungen Marilyn Monroe.

Vier Ehen, Werbeverträge für Kosmetik und Diätpillen, jede Menge Höhen, Tiefen, Liebesaffären und Skandale, Broadway-Produktionen, später Fernsehserien, eine eigene Show im Radio und zahlreiche Auftritte in den berühmtesten Nachtklubs der USA und Lateinamerikas, in Kuba und Südafrika – die »neue Marlene« machte eine große Karriere. Böse Zungen behaupteten, die hätte sie weniger ihrem Talent als ihrer Schönheit und vielerlei strategischen Liebschaften zu verdanken.

Ob sie in Anbetracht des Zweiten Weltkriegs und der Ausmaße der Verbrechen der Nazis zuweilen an ihren einstigen Geliebten, den jüdischen Kommerzialrat Dr. Isidor Geller zurückdachte?

Ilona engagierte sich von Amerika aus während des Krieges durchaus politisch: Sie gab Konzerte für das Rote Kreuz, die Einnahmen kamen der »antifaschistischen Arbeit«, wie sie es nannte, zugute. 1946 wurde sie amerikanische Staatsbürgerin, nicht jedoch, ohne ihre Liebe und Verbundenheit zum ungarischen Volk bei jeder Gelegenheit zu beteuern.

Als ausgesprochene Antikommunistin betrieb sie öffentliche Propaganda gegen die »rote Gefahr« und spendete großzügige Summen an ungarische Flüchtlinge. 1956 verpackte sie im Beisein der Presse Carepakete für die ungarische Bevölkerung, stellte sich an die Spitze einer Demonstration und übergab Regierungssprecher Donald S. Dawson eine Petition, die die Unterstützung des ungarischen Freiheitskampfes gegen die Kommunistische Partei und die sowjetische Besatzungsmacht forderte. Sie demonstrierte vor der Russischen Botschaft in Washington D. C. und beteiligte sich an Protestaktionen in New York und Hollywood, um auf die Not der Ungarn aufmerksam zu machen. In einer amerikanischen Zeitschrift ließ sie sich mit den Worten zitieren, sie stehe jederzeit für ihre Landsleute zur Verfügung – »mit ihrem ganzen Blut«.

Schlachtrufe

W as der Jud glaubt, ist einerlei, in der Rasse liegt die Schweinerei« – diesen Ausruf des wüsten Antisemiten Georg von Schönerer aus dem Jahr 1883 kannte Walter bereits als Kind. Im Wien der 1930er-Jahre war er wieder im Schwange. Da galt es auch nichts, wenn die jüdischen Mitschüler Goethes Gedichte besser kannten als ein haken-kreuzlerischer Gymnasiast.

Was im März 1938 in Österreich geschah, als die Nazis stolz in die Donaumetropole einmarschier-ten, war nicht nur der Ausbruch des Pöbels: Die deutschen Nationalsozialisten wurden von vielen empfangen wie endlich heimgekehrte Heilsbrin-ger und Retter. Einige Jahre war die Nazipartei in Österreich verboten gewesen, wenngleich be-kannt war, dass sie viele heimliche Sympathisanten hatte. Im verhassten »Rassenbabylon«, wie sie es nannten, brodelte es schon lange. Auch unter den Studenten gab es seit Jahrzehnten deutschnatio-nale Bewegungen, schlagende Verbindungen, die regelmäßig auf ihren berüchtigten sogenannten »Bummeln« durch die Innenstadt ihr Unwesen trieben, Andersdenkende jagten und krankenhausreif schlugen. Darin bestand ihre Auffassung von ehrenhafter Mannhaftigkeit. Schon 1877 hatte die Burschenschaft Teutonia den sogenannten Arierparagrafen eingeführt – nach und nach hatten die anderen Burschenschaften nachgezogen. Für Kommilitonen, die eine andere, humanistische Geisteshaltung hatten, verkörperten sie das Schlimmste und Gefährlichste des deutschen Geistes, es waren rüde, militarisierte Rotten. Doch Schmisse im Gesicht waren bei einer späteren Karriere in der Diplomatie oder in den nationalkonservativen Parteien hilfreich. Auch lange vor dem Frühjahr 1938.

Gleich zu Beginn von Walters Jurastudium 1937/38 stellte der junge Mann fest, dass einige Professoren offen einen handfesten Judenhass pflegten. Besonders Professor Mitteis, bei ihm ging Walter in die Vorlesung zu Deutschem Recht, machte aus seinem Antisemitismus keinen Hehl. Dafür erntete er jede Menge Applaus, was schnell dazu führte, dass von den dreihundert Studenten im Hörsaal zwei Dutzend immer beisammensaßen – auf einer Art unsichtbaren Judenbank, auch wenn es eine solche offiziell nicht gab.

Walter besuchte seit seiner Jugend häufig Theater- und Opernvorstellungen und hatte eine besondere Leidenschaft für Vortragskünstler wie Josef Bahr. Dessen Spezialität bestand darin, sich verschiedenste Begriffe aus dem Publikum zurufen zu lassen, die er sodann meisterhaft und humorvoll in berühmte Monologe der klassischen Dichtung einbaute, sei es von Shakespeare, Goethe oder Schiller. Einmal rief ihm ein Zuschauer, der ihn provozieren wollte, den Begriff »Judenbengel« zu. Bahr hob daraufhin die Hand, bat um Ruhe und stand einige Sekunden nachdenklich auf der Bühne. Der Saal war totenstill. Der Schauspieler stieg von der Bühne hinab ins Publikum, ging auf eine Dame zu, die einen Blumenstrauß in der Hand hielt, und bat sie um eine Rose. Wieder zurück auf der Bühne, riss er die Blume in zwei Teile und rief: »Hier ist die Rose, und hier ist der Stengel – hier steht der Jud, und dort sitzt der Bengel!« Donnernder Applaus zeigte Walter, dass es auch noch andere Menschen auf dieser sich verdüsternden Welt gab.

Am 12. Februar des Jahres 1938 kündigte sich mit dem Besuch des österreichischen Kanzlers Kurt Schuschnigg bei Adolf Hitler in Berchtesgaden der Untergang der österreichischen Republik an. Der Bundeskanzler wurde gezwungen, vier Nazis in seine Regierung aufzunehmen und das Verbot der NSDAP, das seit 1933 bestand, aufzuheben. Einige Tage später sollte per Volksabstimmung über die Frage der Selbstständigkeit Österreichs abgestimmt werden: über die Autonomie oder den »Anschluss« an Deutschland. Die politische Atmosphäre war bedrohlich aufgeladen, Befürworter der einen wie auch der anderen Option gingen auf die Straße und demonstrierten, riefen entweder »Ein Volk, ein Reich, ein Führer« oder »Hoch der Kanzler Kurt von Schuschnigg«. Nachdem Hitler mit dem Einmarsch drohte, wurde die Volksabstimmung abgesagt, und Schuschnigg trat zurück.

Schuschniggs letzte Ansprache im Radio endete mit den Worten: »So verabschiede ich mich in dieser Stunde von dem österreichischen Volke mit einem deutschen Wort und einem Herzenswunsch: Gott schütze Österreich.« Walter saß während dieser Rede mit Franziska und Emil beim Abendbrot, die Mienen der Eltern versteinerten zusehends – und auch ihm war klar, dass sich sein junges Leben auf einen Schlag verändern würde. Es folgte eine Stunde lang österreichische Musik, dann kündigte ein Sprecher das Horst-Wessel-Lied an.

Franziska schaute mit leerem Blick auf ihren Teller und sagte: »Ich habe schon allerlei erlebt, die Friedenszeiten im Kaiserreich, dann den Krieg, die Revolution und die Inflation; die Regierungen waren einmal mehr, das andere Mal weniger antisemitisch – sie kommen und gehen. Es wird schon nicht so arg werden.« Als sie diese Worte sprach, unterdrückte sie ihre Tränen. Walter wusste so gut wie seine Eltern, wie sehr Hitler in den fünf Jahren, die er bereits in Deutschland an der Macht war, den Juden das Leben schwer gemacht hatte. Seit drei Jahren waren die Nürnberger Rassengesetze in Kraft, Benachteiligungen, Schikanen und Verbote verdrängten die Juden nach und nach aus dem öffentlichen Leben. Auch wenn Nazideutschland 1936 im Zuge der Olympischen Spiele versuchte, der Welt ein liberales Antlitz vorzugaukeln, immer mehr Erzählungen über Enteignungen, Verhaftungen und Gewalt machten die Runde. Einige Juden hatten ihre Schlüsse gezogen und waren geflohen, wiederum einige von ihnen waren aus Sehnsucht wieder in die Heimat zurückgekehrt und redeten sich ein, es würde schon irgendwann einmal vorbeigehen.

Noch am Abend von Schuschniggs Rücktritt, dem 11. März 1938, wurde eine Hakenkreuzfahne auf dem Wiener Rathaus aufgezogen. Am Morgen des 12. März überquerte die Wehrmacht die Grenze zu Österreich – und stieß auf keinerlei Widerstand.

Ganz im Gegenteil: Jubel, Freudentänze und Gejohle auf den Straßen des Landes. Wo kamen all die Hakenkreuzflaggen und Anstecknadeln plötzlich her?, fragte sich Walter. Die Wiener Wachleute trugen noch ihre alte Uniform, auf einmal allerdings mit Hakenkreuz-Armbinden. Es war, als hätten die Menschen diese Utensilien schon lange zu Hause bereitliegen gehabt und nur auf den Moment gewartet, sie endlich offiziell tragen zu können. Die Stimmung in der Stadt hatte sich binnen weniger Stunden komplett verändert.

Am 13. März, es war ein Sonntag, ging Walter wie üblich zum Onkel. Die Straßen waren voll von grölenden Menschen, viele davon uniformiert. Walter versuchte, sich seine Angst nicht anmerken zu lassen und so schnell wie nur möglich in die Canovagasse zu gelangen. Er hastete in den ersten Stock hinauf. Als er läutete, öffnete Isidor höchstselbst die Tür – verwunderlich genug, denn sonst machten das immer seine Bediensteten. Er hatte seinen blauen seidenen Schlafrock an und teilte seinem Neffen mit, dass es heute kein Mittagessen geben würde. Schon wollte er den Doppelschilling aus der Tasche ziehen, den Walter jeden Sonntag von ihm bekam, und sich verabschieden, da fasste der junge Mann sich ein Herz und fragte: »Onkel,

Hitler kommt nach Wien und wird dir gegenüber im Hotel Imperial wohnen. Warum bist du nicht geflüchtet? Nach Pressburg ist es nur eine Stunde Fahrt, dort könntest du abwarten, ob die Nazis etwas gegen angesehene Juden wie dich im Schilde führen!« Isidors Miene verfinsterte sich. »Ich brauche deine Ratschläge nicht, ich weiß selbst, was ich zu tun habe!«

Mit diesen Worten schlug er die gewaltige Eingangstür zu. Walter sollte ihn in den kommenden Monaten nicht mehr zu Gesicht bekommen – schon am selben Nachmittag stand die Gestapo vor des Onkels Tür. Isidor wurde auf der Stelle verhaftet und abgeführt.

Zwei Tage später, am 15. März 1938, verkündete Adolf Hitler vor über 250 000 jubelnden Menschen auf dem Heldenplatz den »Anschluss« Österreichs an das »Deutsche Reich«. Walter war zu diesem Zeitpunkt unterwegs, er sah den Mann, der sich »Führer« nennen ließ, in seiner gestikulierenden Manieriertheit von Weitem, stecknadelgroß, seine hart abgehackten Worte beschallten die halbe Wiener Innenstadt – die Masse tobte. Walter ging so schnell wie möglich nach Hause, das surreale Geschehen, die Ekstase der aufgebrachten Menge jagten ihm Angst ein. Nichts wie weg von hier. Aus dem »Nichts wie weg von hier« wird im Laufe der verzweifelten Familienbriefe aus jener Zeit mehr und mehr ein »Nichts wie weg von *dort*«, fällt mir beim Lesen der alten Dokumente auf.

Um dem Vorgang einen demokratischen Anschein zu geben, setzten nun die Nationalsozialisten für den 10. April 1938 eine Volksabstimmung zum »Anschluss« an. Sollten doch die Menschen selbst entscheiden, welchen Weg sie einschlagen wollten. Eine Propagandamaschinerie setzte sich in Gang, wie sie die Welt noch nicht gesehen hatte. Wo auch immer Walter unterwegs war: Es herrschte Volksfeststimmung, zumindest bei einem Großteil der Wiener. Die von den Nazis eingesetzten Filme, Lichtreklamen, Plakate, Flugtransparente und die omnipräsente Fratze des Führers im Straßenbild versprachen paradiesische Zustände im Falle ihres Sieges. Auch auf den Straßenbahnen, der »Elektrischen«, prangte das großdeutsche »Ja«.

Walters Nachbarn, das Hausmeisterehepaar Kopriva, erhielten einen von 20 000 gratis verteilten Volksempfängern. So konnten sie das Geplärre des neuen Machthabers und seiner Entourage in den eigenen vier Wänden jederzeit verfolgen. Begeistert berichtete der Hauswart Walter auch von den angekündigten Massenspeisungen am Heldenplatz für jeden Wiener Bürger, es sollten Tische und

Bänke aufgestellt werden, eine riesige Gulasch-kanone – alles umsonst! Walter verstand die Welt nicht mehr. Waren denn alle blind? Sahen sie denn nicht das Säbelrasseln, die Großmachtfantasien dieser faschistischen Meute? Die menschenverach-tende Hetze, die in Deutschland seit Jahren schon gegen alle, die vermeintlich anders, feindlich, min-derwertig waren, betrieben wurde? Sahen sie nicht, dass mit unlauteren, undemokratischen Mitteln das Recht gebeugt wurde? Bekamen sie denn nicht mit, was sich gegen die Juden in der Stadt abspielte? Doch, im Gegenteil: Sie jubelten diesem Treiben auch noch zu.

Vor dem Universitätsgebäude hing eine große Karte des Deutschen Reichs samt Österreich. Die Grenze zwischen den beiden Ländern war rot durchgestrichen, darüber ein Schriftzug: »75 Mil-lionen – JA!« Vor wichtigen öffentlichen Gebäuden und an zentralen Plätzen wurden gar ganze Pro-pagandabauten und Skulpturen mit Hakenkreu-zen, Reichsadlern und Spruchbändern errichtet: »Reicht Euch die Hände, Germanen, von Donau bis zum Rhein«, war etwa zu lesen. Wer mit »Ger-manen« gemeint beziehungsweise nicht gemeint war, verstand sich von selbst.

Schon in den Märztagen des »Anschlusses« hatte es Gewaltausschreitungen gegen Juden gegeben. Freunde von Walters Familie berichteten von schrecklichen Szenen. Menschen wurden auf offener Straße verprügelt, verhaftet, verschleppt. Wohin sie verschwanden, erfuhr man selten. Man munkelte von Deportationen. Immer wieder fiel der Ortsname »Dachau«. Plünderungen jüdischer Läden und der Wohnungen von Deportierten waren an der Tagesordnung. Die fünf Jahre des Verbotes der NSDAP in Österreich, in denen zahlreiche Funktionäre in Haft saßen, hatten eine unglaubliche Gewaltbereitschaft genährt, die sich jetzt entlud. Nun kam die Abrechnung.

Öffentliche Demütigungen waren allgegenwärtig, etwa bei den sogenannten »Reibpartien«, bei denen die Nazis Juden zwangen, proösterreichische Parolen vom Straßenpflaster zu entfernen. Kurt Goldfarb hatten sie gepackt, als er aus dem Herrenmodegeschäft Riedel & Beutel kam, zwei uniformierte Männer mit Hakenkreuzbinde schnappten ihn sich und stießen ihn gewaltsam zu Boden. Zitternd machte er sich an die Arbeit, mit blutender Nase, das zerbrochene Monokel baumelte aus seiner Weste. Anwohner bildeten einen Kreis um die Gedemütigten, riefen kesse Sprüche und applaudierten. Ab und zu johlten sie, das war offenbar das Zeichen für einen der SA-Männer, einen Kübel Schmutzwasser über die umzingelten Menschen zu schütten. »Arbeit für die Juden«, wurde gegrölt, »endlich Arbeit für die Juden!« Einige Zuschauer hatten sogar ihre Kinder dabei, sie sollten sich genau merken, wie man mit diesen Menschen umzugehen hatte. Immer wieder gab es Neuzugänge: Unter Beifall wurde ein betagter Mann mit seiner Frau aufs Pflaster geworfen – die alte Dame begann zu weinen, ihr Mann streichelte ihr behutsam die Hand. Goldfarb erkannte unter den Begeisterten in der Menge auch einige seiner Kunden.

Gebrochen

Es waren Isidors Chauffeur Herr Pinter und die beiden Bediensteten Resi und Mizzi, die, wie sich herausstellte, Isidor ans Messer geliefert hatten. Sie waren schon seit geraumer Zeit Anhänger der bis vor Kurzem noch verbotenen Nazipartei. In Isidors Wohnung in der Canovagasse gab es nur einen Raum, der stets verschlossen war. Was sich darin verbarg, wusste auch Walter nicht. Aber das Arbeitszimmer des Onkels war offen zugänglich, auch der Sekretär darin war niemals abgeschlossen. Hier waren alle Dokumente abgelegt, die mit seinen Wertpapiertransaktionen zu tun hatten. Isidors Charakter war keinesfalls ein naiver, er hatte bei Mandantengesprächen oft darauf geachtet, dass die Bediensteten nicht mithörten, da war er ganz auf Diskretion bedacht gewesen. Umso erstaunlicher, wie leichtfertig er mit seinen eigenen Geschäftsunterlagen umgegangen war. Er musste großes Vertrauen in seine Bediensteten gehabt haben, die er seit Jahren beschäftigte, denen er das eine oder andere Mal auch finanziell aus schwierigen Situationen geholfen hatte. Wie oft hatte er die nah am Wasser gebaute Resi trösten müssen, weil ihr verantwortungsloser Verlobter wieder im Suff das ganze Haushaltsgeld verspielt hatte? Und als Herr Pinter den Wunsch äußerte, einmal während der Sommerfrische seinen Dienstherrn nicht nach Bad Ischl zu begleiten, sondern mit der eigenen Familie zu urlauben, willigte Isidor sofort ein und zahlte seinem Chauffeur obendrein Urlaubsgeld. Zum weihnachtlichen Christenfest übergab der Onkel den Familien seiner Bediensteten Jahr für Jahr einen Präsentkorb aus dem feinen Delikatessengeschäft von Julius Meinl (Isidor kannte Meinl aus der Wirtschafts- und Handelskommission, dort waren sie sich in fachlichen Fragen zwar nicht immer grün gewesen, schätzten aber einander). Oder er ließ Seife und dazu passendes Parfüm aus der Parfümerie Nägele & Strubell für seine Angestellten verpacken.

Aus einer Schublade des Sekretärs hatten Isidors Bedienstete offenbar bereits Monate vor dem »Anschluss« die Aufstellung seiner Wertpapiere entnommen, eine Kopie angefertigt und sie innerhalb der Partei, die noch im Untergrund agierte, weitergereicht. Sie waren keine Einzelfälle, denn die Devise der Bewegung war: »Der Jud geht, sein Geld bleibt da.« Die Beraubung jüdischer Menschen wurde systematisch vorbereitet.

Onkel Isidor wurde zusammen mit Hunderten anderer Juden verhaftet. Auffällig war, dass er sich mit vielen vermögenden Glaubensgenossen im »Notgefängnis« in der Karajangasse wiederfand. »Schutzhaft« nannte sich das Ganze. Wer wurde hier vor wem geschützt? Hier hatte die Gestapo in einem Schulgebäude ein provisorisches Gefängnis eingerichtet, denn alle Kerker, alle Zellen der Stadt quollen bereits über. In jeden der ehemaligen Klassenräume wurden bis zu dreihundert Mann gezwängt. Schlafschichten wurden unter den Häftlingen eingeteilt, denn es konnten nicht alle auf einmal in den heillos überfüllten Räumen liegen. In der Turnhalle vegetierten bereits 2500 Gefangene dicht an dicht vor sich hin.

Mit Peitschenhieben wurden Isidor und andere Neuankömmlinge in der Karajangasse 14 empfangen, die ss benutzte dafür Stahlruten, an deren Ende Bleikugeln hingen. Die Schikanen begannen sofort nach der Ankunft: stundenlange Freiübungen auf dem Schulhof, vorzugsweise bei strömendem Regen. Ältere Gefangene brachen hierbei zusammen. Ewiges Robben treppauf, treppab. Mal auf Knien und Ellenbogen, dann wieder in der

Hocke. Wer stockte, pausierte, nicht mehr konnte, wurde mit Faustschlägen und Knüppelhieben traktiert. »Lasst die Hunde krepieren«, war die Order. Besonders berüchtigt war ein Ortsgruppenleiter des 20. Bezirks, eigentlich ein ortsansässiger Friseur, der immer wieder rief: »Grynspan, alles Grynspan. Diese Rasse gehört vertilgt zu werden, und das wird geschehen!«

Der Gefängnisleiter, ein Assessor aus Berlin, ließ einzelne Häftlinge herausrufen und dachte sich immer wieder neue sadistische Spielchen aus. Einer musste den anderen bis zur Ohnmacht verprügeln. Söhne mussten ihre Väter verdreschen, erniedrigen – ansonsten drohte man ihnen mit Erschlagen. Für die Verpflegung der Gefangenen musste widersinnigerweise die Israelitische Kultusgemeinde aufkommen, das armselige Essen reichte nie für alle.

Isidor wurde immer wieder herausgepickt und in einen Kellerverschlag abgeführt, man verriegelte den dunklen feuchten Raum mit der eisernen Luftschutztür. Meist geschah dies mitten in der Nacht. Man drohte damit, ihn ins Konzentrationslager Dachau zu deportieren, wenn er sein Hab und Gut nicht den neuen Machthabern überschrieb. Die Aufstellung seiner Wertpapiere lag den »Herrschaften« ja bereits vor. Um ihrer Forderung Nachdruck zu verleihen, ohrfeigten sie Isidor, schlugen ihn, traten ihm in den Bauch und ließen ihn im Verhörraum stundenlang ausharren. In den Morgenstunden stießen sie ihn zurück zu den anderen, wenn er Glück hatte, durfte er sich von den Torturen auf einem Strohsack ausruhen, blutig, mit Schmerzen am ganzen Körper – aber nur so lange, bis es wieder hieß: »Antreten!«

Onkel Isidor blieb die ersten zwei Monate standhaft. Noch war er davon überzeugt, dieser Spuk werde schnell ein Ende haben, zumindest werde er nicht mittellos aus dieser Hölle herauskommen und danach schnell das Weite suchen. Doch nachdem er immer wieder zu Verhören ins Gestapo-Hauptquartier am Morzinplatz gebracht wurde, wurde ihm klar, dass er keine Chance hatte, am Leben zu bleiben, wenn er sich nicht auf irgendeine Art von Geschäft mit dem Teufel einließ. Sein physischer Zustand war inzwischen miserabel.

Einige seiner Mithäftlinge nahmen sich aus Verzweiflung das Leben, indem sie aus einem der Fenster des Gebäudes sprangen. Nach solchen Vorfällen allerdings drohten den übrigen Häftlingen schlimme kollektive Bestrafungen. Denn: »Wer stirbt, entscheiden wir, nicht ihr!«

Nach drei Monaten, am 12. Juni 1938, unterschrieb Isidor.

Nebel

Nach der »Reibpartie«, die Kurt mit gebrochener Nase und blauen Flecken am gesamten Körper überstanden hatte, war für das Ehepaar Goldfarb klar: Sie mussten weg. Eingeschmissene Schaufensterscheiben, hässliche Schmierereien an der Wand der Schneiderei waren zum Alltag geworden – die Polizei griff nicht mehr ein. Die Auslagen mit teils wertvollen Stoffen wurden immer wieder geplündert. Viele Kunden kamen nicht mehr. Einige beglichen noch nicht einmal ihre Rechnungen. Die neue Rechtlosigkeit ließ die jüdische Leopoldstadt innerhalb kürzester Zeit im Chaos versinken. Goldfarb sah sich in seinen finstersten Ängsten bestätigt. Was in den Jahren zuvor skandiert wurde, war nun Realität. Betagte Juden wurden aus ihren Bethäusern gezerrt und blutig geschlagen, Menschen verhaftet, gequält, deportiert. Die Zeit war gekommen zu gehen.

Die Lage verfinsterte sich auch ökonomisch. Seit Ende Mai 1938 die Nürnberger Rassengesetze auch in Österreich eingeführt wurden, war seine Arbeit für andere Modeausstatter unmöglich geworden. Selbst diejenigen unter ihnen, die nichts gegen Juden hatten, hätten sich in Gefahr gebracht, wenn sie weiterhin mit einem Goldfarb zusammenarbeiteten. Nur wenige hatten den Mut, sich den Auflagen zu widersetzen. Und mit der Schaffung der »Vermögensverkehrsstelle« im selben Monat wurden die Raubzüge gegen die Juden endgültig zur staatlichen Angelegenheit.

Kurz darauf wurde die Schneiderei Goldfarb – das Geschäft samt Atelier, Werkstatt und Lager – »arisiert«. Der festgesetzte Kaufpreis von 620 Reichsmark wurde nie bezahlt. Gleichzeitig wurde den Goldfarbs die Gewerbeberechtigung entzogen, sie durften nicht mehr arbeiten. Fortan nahmen sie nur noch privat kleinere Näharbeiten in ihrer Wohnung an und bemühten sich um die Ausreisepapiere nach Palästina, wo ihre Söhne Erich und Max schon seit Beginn der Zwanzigerjahre in einem Kibbuz lebten. Von ihnen wussten die Eltern, dass das Leben dort nicht gerade ein Zuckerschlecken war. Neben der harten körperlichen Arbeit auf dem Feld musste der Kibbuz regelmäßig gegen arabische Angreifer verteidigt werden, man las in den österreichischen Zeitungen immer wieder von Anschlägen, Bombenattentaten und Gewaltausbrüchen in Palästina. Mal gegen die englische Mandatsregierung, dann wieder arabische Angriffe auf jüdische Ansiedlungen oder umgekehrt. So ein Kibbuz war vielleicht nicht der ideale Ort für das großstädtische Ehepaar Goldfarb, aber sicherlich wurden in Palästina auch handwerkliche Fähigkeiten gebraucht, die Kurt und Ella mitbrachten. Vielleicht sollten sie sich an Fräulein Landauer wenden, wer weiß, wie weit sie mit ihren Plänen gekommen war, ein Atelier in Jerusalem zu eröffnen.

Doch solche Detailfragen wurden zunehmend obsolet angesichts der immer gefährlicheren Lage daheim. Daheim? Kurt Goldfarb geriet über diesen Begriff immer mehr ins Zweifeln. War das noch der Ort, den er voller Überzeugung und von Herzen jahrzehntelang als »Daheim« bezeichnet hatte? Zumal die neuen Verhältnisse offenbar bei den meisten Wienern auf Zustimmung stießen.

Die bürokratischen Vorgänge waren kompliziert und langwierig. Und sie veränderten sich ständig, wurden immer restriktiver. Binnen kürzester Zeit wurden an die hundert neue Bestimmungen erlassen, die nicht zu überblicken waren. Eine Unbedenklichkeitsbescheinigung, die man für die Ausreise brauchte, konnte nicht ausgestellt werden, solange die Steuerangelegenheiten des Geschäfts aus den zurückliegenden Jahren nicht restlos geklärt und abgeschlossen waren. Solange allerdings die Arisierungssumme nicht überwiesen war, konnte die steuerliche Bilanz nicht abgeschlossen werden. Die Behörden gaben sich nicht einmal die Mühe, die ordentlich geführten Bücher durchzusehen und auf die noch ausstehende Summe für die Übernahme des Geschäfts zu bestehen. Reine Schikane.

Während dieser Zeit verfiel Kurt Goldfarb in eine Depression. Ohne seinen Laden werktäglich auf- und zuzuschließen, mit den Kunden zu parlieren, gemeinsame Ideen zu entwickeln, sein Handwerk auszuüben, fühlte er sich gelähmt. Jeden Tag dichter wurde der Nebel aus Antriebslosigkeit und Trauer. Dazu kamen die Schmerzen, der schwere Kopf. Neuerdings ging er gebeugt, blickte dabei zu Boden. Wo waren seine Zuversicht, seine Hoffnung, sein melancholisches, aber stets freundliches Schmunzeln geblieben?

Ella Goldfarb mühte sich nach Kräften, ihrem Mann irgendwie den Alltag erträglich zu machen. Doch die Angst und die Last der stundenlangen Behördengänge ließen ihnen keine Atempause. Für die Reichsfluchtsteuer fehlte dem Ehepaar das Geld. Sie hatten die Möbel, das gesamte Hab und Gut bereits zu verkaufen versucht, doch da so viele

Juden derzeit in derselben Situation waren, bekamen sie für das geschmackvolle Inventar ihrer Wohnung nur eine lächerliche Summe. Die Käufer machten aus ihrer Freude darüber keinen Hehl, so günstige Schnäppchen machen zu können.

Anfang September 1939, einige Tage nach Kriegsausbruch, verlor das Ehepaar auch die Wohnung. Sie wurden in ein jüdisches Sammellager in der Leopoldstadt gebracht. Kurt Goldfarb war zu diesem Zeitpunkt bereits vollends verstummt, aus seinen Augen war jegliches Leben gewichen. Er funktionierte nur noch wie eine Marionette. 1941 wurden sie in einem Sammeltransport mit Wiener Juden in das Ghetto von Litzmannstadt, dem ehemaligen Lodz, deportiert. Kurt Goldfarb starb dort 1943 an Entkräftung. Bevor die Nazis im August 1944 das Ghetto wegen der vorrückenden russischen Truppen räumten, ging noch ein Transport mit den verbliebenen, durch Hunger und Krankheit geschwächten Menschen nach Auschwitz. Ella war unter ihnen. Ihre Söhne Erich und Max haben nie mehr von ihr gehört.

Scheißerei

Am 25. April 1938 waren die Nazis seit sechs Wochen an der Macht in Österreich – in der »Ostmark«, wie das Land als Appendix des großdeutschen Reiches nun hieß.

Jedem Rachegelüst wurde freier Lauf gelassen. Junge, oft nicht einmal volljährige Männer, die noch nichts vom Leben und der Welt gesehen hatten, plusterten sich zu hasserfüllten Bestien auf. Menschen wurden auf offener Straße gedemütigt, bespuckt, verprügelt – keiner schritt ein. Hakenkreuze, wo man nur hinschaute. Der 10. April hatte das obszöne Ergebnis gebracht: 99,7 Prozent der Österreicher, die abstimmen durften, votierten angeblich bei der Volksabstimmung für den »Anschluss«.

Am Nachmittag des 25. April befand sich Walter auf dem Heimweg, als er in der Liechtensteinstraße, unweit der elterlichen Wohnung, von einer Horde junger Nazis aufgehalten wurde. Sie bildeten eine Kette vor dem Kellereingang eines jüdischen Turnheims, das Walter noch aus Kindertagen kannte. Einer schrie Walter an: »Jude?« Ehe er antworten konnte, wurde er schon die Kellertreppe hinuntergestoßen und fand sich in dem großen Raum wieder, in dem für gewöhnlich Turngeräte aller Art standen. In der Umkleide waren bereits 25 Männer, die sich bang in einer Ecke drängten. Walter wurde zu ihnen geschubst. Einige von denen, die ihn draußen abgefangen hatten, waren nun zu ihren Kameraden in die Umkleide hinzugekommen und verhöhnten die Verängstigten.

Was zum Teufel ging hier vor? Walter versuchte, es aus den Blicken seiner Leidensgenossen zu lesen. Es stank bestialisch. Bald zeigte sich, woher der Gestank rührte: In allen Ecken der Turnhalle dampften Scheißhaufen vor sich hin. Ein ganzes Nazibataillon musste sich hier entleert haben. »So verdreckt habt ihr Juden uns euer Turnheim hinterlassen«, brüllte einer, »schämt ihr euch nicht?! Da sieht man einmal, wie dreckig Juden sind.« Die Männer rückten ängstlich noch näher zusammen. Alles konnte nun geschehen – und keiner würde draußen etwas davon mitbekommen. »Leckt das auf!«, war das Nächste, was Walter vernahm.

Stille auf der einen, Gegröle und Gelächter auf der anderen Seite. »Also, los, an die Arbeit!«, brüllte ein anderer Nazi sie an. Einige der Juden knieten sich nieder und fingen hilflos an, den Kot mit den Händen zusammenzuschieben und zu den Klosetts der Umkleideräume zu bringen. Mehr eine Schmiererei als eine zielführende Unternehmung. Nach einigen Minuten brachte einer der Männer Schaufel, Besen, Eimer, Zeitungspapier und einige Lappen.

Walter hatte, wie alle anderen Gefangenen auch, rasende Angst. Der Angstschweiß perlte nur so von seiner Stirn, als er verzweifelt versuchte, die Nazischeiße mit Zeitungspapier und Lappen irgendwie vom Boden zu kriegen. Er befürchtete, von den groben Typen erschlagen zu werden. Ein Hieb mit der Schaufel auf den Kopf hätte dafür gereicht. Jeder versuchte, so unauffällig wie möglich zu agieren, keiner sagte einen Ton, keiner wollte Aufmerksamkeit auf sich ziehen. Die Putzaktion stellte sich als hoffnungslos heraus. Die Räume wurden nicht sauberer, der Gestank war nach wie vor unerträglich. Walter war vor Angst und Ekel einer Ohnmacht nahe.

Kurz blickte Walter von seiner vergeblichen Arbeit auf und kreuzte in diesem Moment den Blick eines der sich amüsierenden Nazis in brauner Uniform samt Hakenkreuzbinde. Und erkannte ihn sofort. Es war ein ehemaliger Klassenkamerad aus der Volksschule. Mit Lichtenegger war er vier

Jahre in dieselbe Klasse gegangen, eine Zeit lang hatten sie sich sogar eine Schulbank geteilt, und Walter hatte den lausigen Schüler regelmäßig bei sich abschreiben lassen.

Ihre Blicke trafen sich. Auch Lichtenegger hatte Walter wiedererkannt, was ihm sichtlich unangenehm, sogar peinlich war.

Walter erhob sich in Zeitlupentempo und schritt auf ihn zu. Er nahm all seinen Mut zusammen. In breitestem Wienerisch sagte er: »Geh, hörst, Lichtenegger, du kennst mi doch. Lass mi raus da!« Lichtenegger errötete. Auch ihm standen die Schweißperlen auf der Stirn. Er blickte auf den Boden, riss ein Stück einer herumliegenden Zeitung ab und kritzelte etwas darauf. Stumm gab er Walter den Wisch und bedeutete ihm, die Räumlichkeiten zu verlassen.

Walter bewegte sich auf die Kellertreppe zu, vor der eine Wache stand, er zeigte den Zeitungspapierfetzen vor und sagte: »Der Lichtenegger hat g'sagt, i kann raus.« Der Typ an der Treppe schaute auf den Fetzen, nickte kühl. Walter ging hoch zum Eingang des Turnheims, zeigte den Wisch ein weiteres Mal vor und wurde auf die Straße hinausgeschubst. Auf dem Zeitungspapier hatte Lichtenegger mit krakeliger Schrift vermerkt: »Der Jude kann raus.«

Diese Aktion war keine angeordnete, von oben befohlene wie später die Pogromnacht im November 1938. Sie war lediglich die Pöbelei einzelner Menschen, die Spaß daran fanden, andere Menschen wie Freiwild zu behandeln und sadistische Spielchen mit ihnen zu treiben. In Wien gab es zahlreiche solcher Vorfälle. Nicht wenige endeten mit Toten. Die Seite der menschlichen Natur, die hier zum Vorschein kam, spottete jeder Beschreibung. Und das in einer Stadt, die sich Kulturmetropole schimpfte, dachte Walter.

Schweißgebadet, stinkend, besudelt rannte er nach Hause. Er konnte nicht glauben, was er gerade erlebt hatte. Der Schock saß tief, doch noch tiefer saß die Erkenntnis, dass er so schnell wie möglich wegmusste, weg von dort, weg aus diesem Land.

Abgründe und Nadelöhre

Eines Tages fand sich Isidor zerlumpt, verlaust und verwanzt vor dem Notgefängnis in der Karajangasse wieder. Man hatte ihn auf die Straße hinausgestoßen, er wankte, konnte kaum laufen. Die Passanten schauten an dieser armseligen Kreatur, diesem Gespenst vorbei. Sie wandten ihre Blicke ab.

Seine Haft hatte drei Monate gedauert. Drei Monate, in denen die Familie nicht wusste, wo Isidor sich befand. Mit seiner Unterschrift hatte er eingewilligt, sämtliche Wertpapiere aus der Schweiz nach Österreich zu transferieren und fast sein gesamtes Vermögen den Nazis zu überschreiben. Um zwanzig Jahre gealtert kehrte er aus der sogenannten Schutzhaft wieder. Er durfte zurück in seine Wohnung im Palais, allerdings unter strengen Auflagen: Täglich hundert Reichsmark für seine Privatausgaben durfte er seinem Konto entnehmen, mehr nicht. Im Falle einer Ausreise war ihm das Mitführen von Wertpapieren oder Bargeld nicht gestattet.

Einen Tag nach Isidors Festnahme war auch sein

Bruder Rubin verhaftet worden. Er wurde ins Landesgericht gesperrt und regelmäßig verhört. Wiederkehrende Nierenkoliken machten ihm zu schaffen, eine ärztliche Versorgung verwehrte man ihm. Seine Frau Hedy schaffte es, ihn nach einigen Wochen wieder freizukriegen, weil sie Ausreisepapiere nach Jugoslawien nachweisen konnte. Auch er musste sich verpflichten, sein Geld, seine Wohnung und die Anwaltskanzlei restlos den Nazis zu überlassen. Sein Nierenleiden und die nicht behandelten Attacken würden noch jahrelang Operationen nach sich ziehen – und letztlich seinen frühen Tod.

Isidor seinerseits hatte sich in der Haft eine Blutvergiftung zugezogen, auch er hatte, bei katastrophalen hygienischen Verhältnissen, keine ärztliche Behandlung bekommen. Fiebrig und geschwächt trat er in seine Gemächer in der Canovagasse ein. Seine Bediensteten waren längst fort. Sofort sank er, noch in der schmutzigen Kleidung, auf sein Bett und fiel in einen tiefen Schlaf. Als er verwirrt aufwachte, waren viele Stunden vergangen. Zitternd wankte er durch die Zimmer und bemerkte, dass einige Dinge in den Vitrinen fehlten. Oder träumte er lediglich? War es Einbildung?

Inzwischen war Isidors Geschwistern seine Rückkehr zu Ohren gekommen, sie eilten in die Canovagasse und erschraken beim Anblick des einst so stolzen, herrischen Mannes zutiefst. Franziska kamen die Tränen, was hatte man ihrem geliebten Bruder nur angetan? Sie riefen sofort einen Arzt, der Isidor untersuchte und eindringlich zu Ruhe und viel Schlaf riet. Auch Isidors alter Freund, der Friseur Franz Fellinger, machte sich auf zu seinem langjährigen Kunden und schnitt dem ausgemergelten Mann die Haare, rasierte ihn sorgfältig, führte das Rasiermesser behutsam über das hohlwangige Gesicht. Franziska bot an, für die Pflege ihres Bruders zu sorgen. Der wiederum hob immer wieder an, in unzusammenhängenden Sätzen vom Erlebten zu erzählen, stammelte, wurde von Schluchzern geschüttelt. Und er wollte partout nicht allein sein in seinen Gemächern. Die Angst vor einer neuerlichen Verhaftung, vor Dunkelheit war zu groß. Man beriet, was zu tun sei, und beschloss, dass Walter vorerst beim Onkel einziehen sollte. Der junge Mann wollte sich in ein paar Wochen, so es die offiziellen Stellen zuließen, auf den Weg nach Palästina machen. Wenn er sich gerade nicht um seine Ausreise kümmerte und endlose Behördengänge tätigte, versuchte Walter, so viel wie möglich in der Canovagasse bei seinem Onkel zu sein. Auch die anderen Verwandten wechselten sich an Isidors Krankenbett ab.

Ein paarmal kamen von den Nazis abgeordnete Sachverständige in die Wohnung, um die letzten Möbel, Gemälde und Kunstgegenstände zu schätzen und zu inventarisieren. Zum ersten Mal konnte Walter Einblick in das eine Zimmer in der großzügigen Wohnung des Onkels nehmen, das zuvor immer verschlossen gewesen war. Walter hörte die Männer einmal zueinander sagen: »Hier hat der Jud' also seine Schatzkammer!« Isidor lagerte in dem Raum einige seiner Kostbarkeiten: Walter konnte mindestens ein halbes Dutzend zusammengerollte Perserteppiche ausmachen, alle möglichen Möbel, zum Teil übereinandergestapelt, edles Porzellan und verpackte Ölgemälde. Die beiden Sachverständigen kannten sich bereits aus. Offenbar hatten ihnen die ehemaligen Bediensteten während seiner Zeit in der Haft Zutritt zur Wohnung verschafft (und waren dafür auch belohnt worden, Herr Pinter, Resi und Mizzi durften sich das eine oder andere gute Stück aus dem Hausrat aussuchen). Denn es lag bereits eine recht detaillierte Liste für das erforderliche »Verzeichnis über das Vermögen von Juden« vor, als Isidor in die Canovagasse zurückkehrte. Der »beeidigte Sachverständige und Schätzmeister« Hans Willander hatte schon Ende April, so sagen es die offiziellen Papiere, alles in Augenschein genommen, fein säuberlich aufgelistet und mit Schreibmaschine die entsprechenden Formulare ausgefüllt. Und »Schätzmeister« Ambros Moritz war dafür abgesandt worden, die Edelmetalle zu verzeichnen, die sich im Haushalt des Onkels befanden. Ihre Unterschriften und Geschäftsstempel befinden sich auf allen Unterlagen. Isidor hatte die Liste, in der alle seine Wertgegenstände aufgeführt waren, mit Schätzwert in Schilling und Reichsmark, nur noch zu unterschreiben. Seine Unterschrift auf dem Dokument wirkt fahrig, schwach. Auch seiner Handschrift war der stolze Schwung ausgetrieben worden.

Isidor lag leidend in seinem Bett und nahm immer weniger Anteil an dem, was um ihn geschah. Zunächst hatte er vorgehabt auszuwandern, sobald sein gesundheitlicher Zustand sich verbesserte. Zu diesem Zweck ließ er die Dinge, die von den Nazis »freigegeben« wurden, in Transportkisten verpacken und in eine Spedition überführen. Die Kunstgegenstände und kostbaren Teppiche mussten dafür abermals »inspiziert« werden, diesmal vom Denkmalamt – und nicht bei allem wurde die Ausfuhr gestattet. Edelmetalle kamen ins Auktionshaus Dorotheum. Besonders wertvolle Kunstgegenstände wurden konfisziert. Für die Fracht musste Isidor einiges an Geld aufbringen, den gesamten Schätzwert des Ausfuhrguts musste er an den Staat zahlen – die Summe wurde von seinem Konto abgezogen. Hinzu kam die sogenannte Reichsfluchtsteuer, die ließ Isidor für den Fall seiner Ausreise schon bereitstellen. Immerhin ein Viertel seines noch verbliebenen Vermögens.

Für die Frachtliste musste alles – wirklich alles – verzeichnet werden, bevor eine Ausfuhrbewilligung vom Zentralmeldungsamt des Polizeipräsidenten in Wien erteilt und ein sogenanntes »Umzugsattest« für die Zollbehörden ausgestellt wurde. Walter assistierte dem Onkel bei dieser mühseligen Arbeit in Momenten, in denen der Kranke genug Kraft dafür aufbringen konnte.

Mehrere Seiten mit insgesamt 206 Posten kamen zusammen. Ich finde sie im Archiv des Bundesdenkmalamtes Wien und lasse vor meinem geistigen Auge Isidors übrig gebliebenen Hausstand vorbeiziehen, der in der Ferne, an einem anderen Ort, den Grundstock eines neuen Zuhauses bilden sollte. Angefangen bei den großen Möbeln wie Sofas, Schreib- und Esstischen, Schränken, Vitrinen und Fauteuils, einem Messing- und Doppelbett, einem Toilettentisch. Aber auch Diwanpolster sind aufgelistet, Glasbonbonnieren, eine japanische Vase, Spiegel, ein Harmonium, Plumeaus,

38 Polsterüberzüge, 45 Handtücher, 21 Leintücher, 30 Küchenhandtücher, 92 Servietten, 10 Staubtücher, 16 Mokkaschalen, 2 Bademäntel, mehrere Service – mal versilbert, mal aus Porzellan – jeweils für 12 oder 24 Personen, Essbestecke, eine Alpacca-Kaffeemaschine samt Service für 12 Personen, eine Spargelschüssel, Brotkörbe, Saucieren, Zuckerdosen, ein sogenannter »Jamständer« für Marmeladen, zwei Gemüseaufsätze, ein Kindersilberbesteck für 12 Personen, ein russischer Messingsamowar mit Tischerl, ein Holz-Erdäpfelschäler, ein Champagnerkühler, Weinkörbe. Und 400 Bücher, 26 Ölbilder, 16 Nippes, ein Klavier, Elfenbeinfiguren, Lüster, Terrakottavasen, Radierungen. Zum Schluss kamen die Kleidungsstücke: 50 Hemden, 18 Unterhosen, 20 Taschentücher, 2 Stadtpelze, 2 Sportpelze (einer kurz, einer lang), 25 Anzüge, 15 Paar Schuhe, und zuallerletzt 1 Radio und 1 Staubsauger.

Als die Listen fertig waren, wurden sie noch einmal von den entsprechenden Beamten der ›Bezirkshauptmannschaft Innere Stadt‹ kontrolliert. Der Hausbesorger hatte die Fracht zu quittieren und zu bestätigen, dass es sich bei all den Dingen um Gebrauchtes handelte, um Gegenstände, die sich bereits in Besitz und Benützung des Dr. Geller befanden.

Isidor wollte so schnell wie möglich weg. In die USA. Dafür musste er Englisch lernen, die Familie organisierte einen Englischlehrer, der jeden Tag für eine Stunde kam, an Isidors Bett saß und versuchte, mit dem Kranken einfache Konversation zu führen, seine Grundkenntnisse der englischen Sprache aufzufrischen. Es fiel dem einst so wissbegierigen, mit schnellem Verstand ausgestatteten Mann schwer, den Ausführungen des Lehrers zu folgen. Manches Mal musste er die Englischstunde schon nach wenigen Minuten abbrechen.

Isidor ging es von Tag zu Tag schlechter. Man bestellte einen geachteten Kardiologen ein, Professor Emil Zak, der bis April 1938 Leiter der kardiologischen Abteilung der Poliklinik Wien gewesen war. Als Jude wurde er seines Amtes enthoben und durfte nur noch unter strengsten Auflagen, und wenn überhaupt, nur Juden behandeln. Professor Zak setzte alles daran, Isidor zu heilen.

Doch der Onkel war zunehmend verwirrt, sein Atem ging schnell und flach, das Herz pochte wie verrückt. Fieber und Schüttelfrost quälten ihn. Sein Blutdruck fiel plötzlich und rapide. Isidor hatte eine Sepsis im fortgeschrittenen Stadium, sie drohte bereits sein Herz anzugreifen.

Der große Isidor, zu dem sie alle aufschauten, der es in die vornehme Gesellschaft geschafft, der

Titel und Reichtum erlangt hatte, der immer als Garant für die Stabilität und Sicherheit der Familie gestanden hatte – dass dieser Koloss nun dahinsiechte, ein Schatten seiner selbst, verunsicherte die Familie zutiefst. War alles, was man sich so hart erkämpft hatte, nur ein Trugbild gewesen, hatte man sich selbst belogen?

Des Nachts quälten den Onkel Fieberträume, in denen sich Szenen aus der Gefangenschaft mit solchen aus seiner Kindheit vermischten, Gesprächsfetzen von eleganten Diners mit Debatten aus Handelskommissionen. Er sah seinen alten Vater, der 1935 in Tlumacz verstorben war, wie er in der Ecke des dunklen Wohnhauses über den Talmud gebeugt betete, und hörte ihn auf Jiddisch schimpfen, wenn er mitkriegte, dass Isidor unter seiner Bettdecke wieder einmal weltliche Literatur las. Er sah sich mit seinem Bruder Rubin in Lemberg um die Häuser ziehen, erinnerte sich daran, wie sie sich einmal heimlich in eine *Mikwe*, das jüdische Ritualbad für Frauen, eingeschlichen hatten, um den Damen beim Bade zuzuschauen. Er sah verzerrte Karikaturen, junge Männer im Stechschritt auf der Ringstraße, Lastwagen mit hässlichen judenfeindlichen Sprüchen. Kolonnen von versehrten Männern zogen an ihm vorbei, die im Ersten

Weltkrieg ihre Gliedmaßen verloren hatten. Die Bilder verdichteten sich zu düsteren Gewirren, in denen Isidor ging und nicht vom Fleck kam. Auch Ilona tauchte immer wieder auf, entglitt ihm aber lächelnd, sobald er sich ihr näherte. Er träumte, er sei mit einem Schiff auf dem offenen Meer unterwegs. Das Schiff sank, und er sah sich hilflos im Wasser treiben, das Ufer in Sichtweite, aber er erreichte es nicht, sosehr er sich auch anstrengte.

Wenn er wach lag, dachte er über seine unglaubliche Naivität nach. Auch unter seinen Geschäfts- und Handelspartnern, in den Kommissionen hatte er sich die eine oder andere antisemitische Bemerkung anhören müssen. Doch niemals hätte er gedacht, dass jemandem in seiner Stellung, seinem Ansehen, seiner finanziellen Situation das geschehen könnte, was er erlebt hatte. Seinen Glauben an Recht, Ordnung und den eigenen Aufstieg hatte er über alle Warnzeichen gestellt. Der ganze Hass der letzten Jahre und Jahrzehnte habe nichts mit ihm zu tun, dachte er immer. Ihm werde schon nichts passieren. Er hatte sich bitter getäuscht. Der Gedanke daran hatte ihn schon während der Haft dermaßen zermürbt, dass er nicht wusste, ob er überhaupt die Kraft finden würde auszuwandern, irgendwo im Ausland wieder neu anzufangen. So weit wie in Österreich würde er es nirgendwo wieder bringen, eine solche steile Karriere konnte sich nicht wiederholen. Nicht in seinem Zustand, nicht mit Anfang fünfzig. Und nicht in einer fremden Sprache.

In einer Zeit, in der so viele Menschen flüchteten, um ihre nackte Haut zu retten, so viele versuchten, irgendwo in der weiten Welt ein neues Leben anzufangen – wer wartete da schon auf ihn? Einen Mann mit Renommee zwar, aber ganz ohne Geld, und vor allem, ohne Willen, ohne Drang?

Die Situation für die Wiener Juden wurde indes von Tag zu Tag gefährlicher. Allen war klar, dass Walter schnell wegmusste, doch weigerte sich Franziska, auch nur für einen Tag die Stadt zu verlassen, solange ihr Bruder der Pflege bedurfte. Erst wenn es ihm besser ging, würde auch sie sich mit ihrem Mann Emil darum kümmern, was zu tun sei. Rubin war bereits in Belgrad, er war bei Verwandten seiner Frau untergekommen, versuchte, nach seinem Nierenleiden wieder auf die Beine zu gelangen und in die USA auszureisen. Nathan und seine Familie bemühten sich emsig um Ausreisepapiere, nach Schweden, nach London oder in die USA, ganz egal.

Walter brauchte fast vier Monate, um die Ausreisepapiere für Palästina zusammenzubekommen.

Schon am Tag nach Onkel Isidors Verhaftung hatte er der Tante seiner Mutter, Debora, die bereits seit vielen Jahren in Jerusalem lebte, einen Brief geschrieben und sie gebeten, ihm ein Einwanderungszertifikat, sprich: eine Bürgschaft, zuzusenden. Die britische Mandatsherrschaft erlaubte nur wenigen Einwanderergruppen die Einreise, darunter Studenten, denen jemand die Studiengebühren an der Hebräischen Universität in Jerusalem bezahlte, Handwerkern und Arbeitern, deren Berufe für den Aufbau des Landes wichtig waren, und denjenigen, die ein Kapitalistenzertifikat hatten, also so vermögend waren, dass sie von ihren Zinsen leben konnten. Sie mussten bei ihrer Einreise den stolzen Betrag von tausend Pfund Sterling vorweisen.

Die Jerusalemer Familie war sofort bereit, Walters Studiengebühren zu bezahlen und den jungen Mann bei sich aufzunehmen. Nun begann der Wettlauf um die notwendigen Papiere in Wien: Walter brauchte ein Visum für das englische Mandatsgebiet Palästina, ein Gesundheitszeugnis (ich finde es in der Tel Aviver Wohnung in einer alten Aktenmappe unter seinen persönlichen Dokumenten: »*Ärztliches Zeugnis, womit bestätigt wird, dass der/die Palästina-Immigrant/in* GRAB WALTER *weder geisteskrank noch geistig minderwertig ist und mit Epilepsie, Syphilis, Lepra, Tuberkulo-*

se oder irgendeiner ansteckenden oder sonstigen Krankheit, welche eine Gefahr für die Allgemeinheit bildet, nicht behaftet ist«), er benötigte eine Steuerunbedenklichkeitsbescheinigung und die Entlassung aus der väterlichen Gewalt, da er mit seinen 19 Jahren noch nicht volljährig war. Für all diese Bescheinigungen musste er stundenlang bei den unterschiedlichsten Ämtern anstehen, oft genug nur, um unverrichteter Dinge weggeschickt zu werden. Am längsten dauerte die Besorgung der Steuerunbedenklichkeitsbescheinigung, eine reine Schikane, da er als Student keinerlei Einkommen hatte und daher auch nicht steuerpflichtig war.

Im von den Nazis eingerichteten »Wanderungsamt« musste er sich eine Bewilligung für die Ausreise abholen, in Form eines entsprechenden Stempels in seinem Pass. Als Walter zum ersten Mal dort hinkam, standen bereits am frühen Vormittag um die tausend Menschen an. Während er versuchte, sich irgendwie in den Massenandrang einzureihen, erfuhr er, dass ein paar Tage zuvor die Nazis mit Lastwagen vorgefahren waren und viele Juden kurzerhand aufgeladen und weggebracht hatten. Einige von ihnen wurden irgendwo verprügelt und gequält, dann wieder freigelassen, andere wohl ins Konzentrationslager Dachau gebracht, erzählte man sich. In der Masse fielen ihm Menschen mit verbundenen Gliedmaßen und malträtierten Gesichtern auf.

Unsicher schaute sich Walter immer wieder um, während er in der Menge wartete, und zuckte bei jedem größeren Fahrzeug, das die Straße passierte, zusammen. Das »Wanderungsamt« schloss bereits um 14 Uhr. Somit war klar: Wollte man hier den ersehnten Stempel erhalten, musste man vor Ort kampieren. Das Elend der Wartenden, der Kampf um einen Platz vor dem Gebäude, die Anspannung und Angst vor Häschern waren unerträglich, Walter wurde mehrfach Zeuge von hysterischen Zusammenbrüchen. Er beschloss, am nächsten Tag um drei Uhr in der Früh wiederzukommen und zu warten, bis das Amt am Morgen öffnete. Als er in tiefer Dunkelheit eintraf, hatten sich bereits um die zweihundert Menschen in einer Schlange aufgestellt, die Wartenden hatten Nummern organisiert, die jeder bei seiner Ankunft erhielt, damit es gerecht zuging. Man behalf sich.

Walter bekam den Stempel. Allerdings verlangten die englischen Mandatsbehörden ausdrücklich, dass die Erlaubnis zur Rückkehr nach Österreich vermerkt wurde. Doch das verweigerten wiederum die hiesigen Machthaber. Die Widersprüchlichkeiten in sämtlichen Ausreisebelangen waren absurd, das hörte man immer wieder.

Das Einwanderungszertifikat, das er bereits hatte, galt nur für die Dauer eines Studienjahres an der Jerusalemer Universität. Gleichzeitig musste er einen Vordruck unterschreiben, in dem er sich ehrenwörtlich verpflichtete, niemals mehr den Boden des Deutschen Reiches zu betreten. Dieser Passus versetzte ihm einen Stich ins Herz. Niemals mehr Österreich. Dieser Abschnitt seines Lebens war also nun offiziell und beglaubigt Geschichte. Besiegelt mit einem Hakenkreuzstempel.

Letztes

Das letzte Mal, dass Walter seinen Onkel sah, war am Tag seiner Abreise nach Palästina, im heißen Sommer 1938. Der junge Mann war voller Unruhe und Angst. Die Vorstellung, von fremden Menschen abhängig zu sein, von Verwandten, die er nicht kannte, bereitete ihm Unbehagen. Wie würde es dort sein fern der Heimat, würde es ihm gefallen? Alles, was er bisher über Palästina gehört hatte, klang so anders, so vollkommen fremdartig. Er würde eine Sprache lernen müssen, die rein gar nichts mit den Sprachen zu tun hatte, die er so liebte. Und dazu nagte die Sorge an ihm, ob er seine geliebten Eltern jemals wiedersehen würde.

Das Leben war ein einziger Ausnahmezustand. Seit Monaten. Nichts war mehr so, wie er es kannte. Und nichts wurde besser, im Gegenteil.

Was nun folgte, waren zahlreiche letzte Male. Vertraute Wege wurden zum letzten Mal abgeschritten. Vertraute Gesichter zum vielleicht letzten Mal gesehen. Orte der Kindheit, des Aufwachsens. Straßenecken, Geschäfte, Gebäude. Gewohnheiten, Lieblingsspeisen, Zusammenkünfte. Welch merkwürdiges Gefühl. Es waren zu viele Abschiede. Später würde Walter über diese Zeit sagen, er sei damals zum ersten Mal gestorben. Die Vertreibung aus Wien war sein erster Tod.

Mit diesem Gefühl der Unruhe und Trauer trat er auch ein letztes Mal an das Bett Isidors, der unter einer schweren Daunendecke lag, obwohl es draußen über dreißig Grad waren. Walter wartete darauf, dass der Onkel aus seinem Halbschlaf erwachte, um sich zu verabschieden. Zu gerne hätte der junge Mann Isidor gefragt, warum er die Zeichen der Zeit nicht gesehen hatte, nicht hatte sehen wollen. Mit seinem Vermögen hätte er frühzeitig ins Ausland gehen, hätte längst in London, New York, Jerusalem oder wo auch immer ein angenehmes Leben führen können.

Nun lag er da wie ein Greis, nur sein eingefallenes Gesicht und die so plötzlich ergrauten Haare schauten unter dem Bettzeug hervor. Die Nazis hatten ihn binnen kürzester Zeit zu dem gemacht, was sie in ihm sehen wollten: eine Elendsfigur. Doch Walter wagte es nicht, Isidor darauf anzusprechen, auch wenn die Frage nach dem Warum deutlich spürbar im Raum stand. Nun war er es, der 19-jährige Walter, der als Erster ging und so hoffentlich sein Leben rettete.

Isidor fiel es an diesem Tag sichtlich schwer, sich zu unterhalten. Er war schwach und hielt nur mit Mühe die Augen offen. Dennoch bat er Walter darum, einen Brief für ihn aufzusetzen. An Ilona, nach Hollywood. Schon länger hatte er nichts mehr von ihr gehört, wusste nur aus Zeitungsartikeln, die ihm eine Krankenschwester vorgelesen hatte, dass sie mit ihren Filmen Erfolge feierte. Auf den Papieren seines Frachtguts hatte er bereits ihre Adresse als Zielort vermerken lassen. Er wollte wieder zu ihr. Sobald er dazu körperlich in der Lage sein würde.

Und so bat er seinen Neffen, in seinem Namen auf Englisch einen Brief an sie zu verfassen. Ilona sollte erfahren, was ihm widerfahren war, sie sollte wissen, was sich im alten Europa tat und welche Hölle ihr einstiger Förderer und Liebhaber durchlitt. Und sie sollte sehen, dass er sich redlich mühte, die englische Sprache zu erlernen. Für sie. Seine Geliebte. Der letzte Satz allerdings, den Walter für seinen Onkel niederschreiben sollte, ließ den jungen Mann erschaudern. Mehr noch: Er war schockiert. Sollte er eine Last für Ilona in Hollywood sein, diktierte Isidor seinem Neffen, sei er bereit, als Diener für sie zu arbeiten. Walter traute seinen Ohren nicht, er fragte zögerlich nach, ob der Onkel das wirklich so meine. Seine Antwort war ein unmissverständlicher Befehl: »Schreib es auf!« Kurz flackerte der herrische Ton auf, den Walter von seinem Onkel kannte. Mit einem klammen Gefühl gehorchte der Neffe, so, wie er es immer getan hatte. Danach drückte er einen Kuss auf die fiebrige Stirn des Kranken und verabschiedete sich. Für immer.

Am nächsten Morgen, Walter tat in der Nacht kein Auge zu, machte er sich auf die Reise.

Herr Pinter, Resi und Mizzi erkundigten sich einige Male scheinheilig bei Franziska, wie es denn um die Gesundheit des Herrn Kommerzialrats stehe. Welch Hohn! Dass diese Menschen es wagten, so zu tun, als würden sie sich um das Wohlergehen ihres langjährigen Herrn scheren. Wie denn seine Verfassung sei, ob man irgendwie behilflich sein könne. Franziska hätte sie am liebsten zum Teufel gejagt, doch es war sicher nicht ratsam, die ehemaligen Bediensteten mit ihrem Verrat zu konfrontieren. So antwortete sie kühl und knapp auf die heuchlerischen Nachfragen. Die Wahrheit war: Des Bruders Zustand verschlechterte sich von Tag zu Tag im Laufe dieses Herbstes 1938. Es musste eine ständige Pflege gewährleistet werden, man stellte dafür eine Krankenschwester namens Emilie Sellner ein.

Im November war Isidor kaum mehr ansprechbar. Professor Emil Zak berief die noch in Wien verbliebene Familie ein. Es waren nicht mehr viele: Walters Eltern Franziska und Emil und Isidors jüngster Bruder Nathan. Der schlechte Gesundheitszustand Isidors ging dem Arzt sichtlich nahe. Die Haft war für seinen Patienten ein Mord auf Raten gewesen. Der Kardiologe brauchte nicht viel zu sagen, alle wussten, dass Isidors Tage bereits gezählt waren. Man müsse nun jederzeit mit dem Schlimmsten rechnen, so Zak. Wenn es noch Formalitäten zu erledigen gäbe, müsse das jetzt geschehen.

Keiner brachte ein Wort hervor. Prof. Zak unterbrach die Stille und schlug vor, man solle drei Zeugen berufen, die einen »Letzten Willen«, ein mündliches Testament, entgegennehmen sollten – für alles andere sei es bereits zu spät.

Ich finde das handschriftlich verfasste Testament Jahrzehnte später in einem Wiener Archiv. Es fällt kurz und knapp aus. Laut Protokoll ist es am 16. November zwischen 21 und 21.25 Uhr angefertigt worden, am Bett des Onkels, da er sich »*nach Erklärung des Prof. Zak in naher Todesgefahr be-*

fände«. Die Schrift des herbeigerufenen Rechtsanwaltes ist ungelenk und wirkt, als hätte man wenig Zeit gehabt.

Auf dem Dokument vermerkt wurde, dass Isidors Geschwister zu gleichen Teilen seine Erben sein sollten. Seiner Haushälterin Theresie, die bis kurz vor seiner Verhaftung bei ihm ein und aus ging und nun als Zeugin geladen war, vermachte Isidor tausend Reichsmark und das Radio. Seinem Friseur, Franz Fellinger, eine goldene Anhängerkette.

Ein paar Stunden zuvor hatte Franziska auf Wunsch des Onkels einen Rabbiner kommen lassen. Isidor war nach Jahrzehnten wieder in die Israelitische Kultusgemeinde eingetreten, denn er wollte, das hatte er mehrfach gesagt, auf einem jüdischen Friedhof begraben werden. Am allzu frühen Ende seines Lebens zog es ihn zurück zu seinen Wurzeln.

Einen Tag nach der Zusammenkunft für einen Letzten Willen, am 17. November 1938, starb Isidor. Mit 52 Jahren. Begraben wurde er in der Jüdischen Abteilung des Wiener Zentralfriedhofs. Der Notar, der von den Nazibehörden mit der Verwaltung seines Besitzes betraut worden war, gestattete, ihm einen Grabstein zu setzen – und bezahlte die Kosten vom bereits beschlagnahmten Konto.

Einige Tage nach dem Begräbnis, am 26. November, schrieb Franziska ihrem Sohn Walter nach Palästina: »*Ich merk nur, wenn nicht rasch eine Hilfe für uns kommt, werden wir leider nicht durchhalten können. Wir sind am Rande unserer Kraft. Inzwischen sind die Gesetze wesentlich geändert worden, uns ist ein längeres Hierbleiben ganz ausgeschlossen.*«

Wiener Korrespondenzen 11

Franziska und Emils Briefe an Walter nach Palästina aus der Zeit, als sie noch in Wien den todkranken Isidor pflegten, lesen sich wie Tagebücher. Jeden zweiten Tag schrieben sie ihrem geliebten Sohn, berichteten von den Zuständen in der Stadt, von den Strapazen und Ängsten. »*Die letzten Ereignisse, liebes Kind, waren so grauenhaft, dass ich nicht in der Lage bin, vorläufig davon zu sprechen … Jeden Tag kommen andere Gesetze. Yom Kippur wurde im 18., 19. und 21. Bezirk den Juden verkündet, dass sie binnen 24 Stunden die Wohnungen verlassen müssen. Kannst Dir die Panik vorstellen … die Trauer an Yom Kippur im Tempel war ungeheuer. Doktor Schwarz wollte Trostworte spenden, aber konnte nicht vor lauter Schluchzen.*«

Aus diesen Briefen spricht Verzweiflung und Ratlosigkeit, die Ungläubigkeit, das alles erleben zu müssen. In der Stadt, die einst eine Verheißung für Franziska und zu einer Heimat geworden war.

Jahrzehnte später erinnerte sich Walter noch daran, wie seine Mutter manches Mal spät nach Hause gekommen war, weil sie unbedingt noch einen Spaziergang auf der Ringstraße unternehmen wollte, um die Schönheit der Metropole in sich aufzusaugen. Und wie sie oft aus Schillers *Maria Stuart* zitierte: »Bin ich dem finstern Gefängnis entstiegen / Hält sie mich nicht mehr, die traurige Gruft? / Lass mich in vollen, in durstigen Zügen / Trinken die freie, die himmlische Luft.«

Nun schreibt sie ihrem Sohn nach Palästina: »*Man lebt auf einem Vulkan und wartet in Angst der Dinge, die noch kommen werden ... Viele wandern aus, legal und illegal. Es sind aber noch sehr viele Juden hier. Alle, alle sind vom gleichen Wunsche beseelt. Weg, nur weg, ganz egal wohin. Grauenhaft ist der Zustand.*« Die Vorbereitungen für Franziskas und Emils eigene Flucht waren kompliziert und wurden durch den Tod Isidors nicht einfacher.

Denn solange nicht geklärt war, was mit dem Erbe geschehen sollte, bekam Franziska keine Unbedenklichkeitserklärung ausgestellt, die sie wiederum für eine Ausreise benötigte. Außerdem waren ihre Pässe konfisziert worden – die wiederum nur bei Vorlage eines aktuellen Kapitalistenzertifikats aus Palästina und einer Einreiseerlaubnis vonseiten der Briten und des Palästinaamtes zurückgegeben werden würden. Von Woche zu Woche, von Tag zu Tag wurde das Nadelöhr für eine Ausreise enger. Immer mehr Menschen um die Grabs herum verschwanden oder erlitten Gewalt, Wohnungen wurden ausgeraubt und beschlagnahmt, Betriebe und Geschäfte enteignet, Freunde und Bekannte standen plötzlich ohne Obdach und ganz und gar mittellos da. Wer noch ein paar Piaster übrig hatte und Kontakte ins Ausland, versuchte, irgendwie fortzukommen.

Gesetze und Vorschriften veränderten sich laufend, ständig tauchten neue Hürden für eine Ausreise auf. Ende Januar 1939 schrieb Emil an Walter: *»Jetzt sind sämtliche Paketsendungen zur Gänze ausnahmslos eingestellt und nur mit der ganz speziellen Ausfuhrbewilligung der Devisenstelle möglich, erst nach ganz gründlicher Prüfung der Notwendigkeit. Die diesbezüglichen Verordnungen sind ungeheuer verschärft worden. Gold und Silber kann in gar keiner Form mehr ausgeführt werden und muss unbedingt im Lande bleiben. Teppiche, Schreibmaschinen, Fotos, Nähmaschinen müssen erst vorher im Dorotheum geschätzt werden und mit der Schätzungsliste bei der Devisenstelle um Einfuhr in das jeweilige Land, in welches man einreisen will, angesucht werden. Nach drei bis vier*

Wochen bekommt man dann die Bewilligung, dass man nur bei Bezahlung der Schätzungswerte die Sachen ins Ausland mitnehmen darf. Am liebsten sähe man die Juden in Schwimmhosen auswandern. Du hast ja keine Ahnung, wie schwer man jetzt herauskommt!«

Auch Emils Betrieb wurde arisiert. Aus seiner Firma ›Marke EGOS‹, einer Manufaktur für sogenannte grobe Lederwaren wie allerlei Taschenmodelle, wurde im Jahr 1938 ein Militärbetrieb. Daraufhin beschlossen er und seine Frau, solange sie noch einen Gewerbeschein besaßen, von zu Hause aus das eine oder andere zu fertigen: Sie verlegten sich auf das Nähen und Herstellen von Wäsche- und Kleidersäcken, die unter den ausreisenden Juden sehr gefragt waren, wie sie Walter in den Briefen berichteten. Noch durften sie für ihre Erzeugnisse werben und dafür in jüdischen Zeitschriften inserieren. Was mit dem Erbe Isidors sein würde, stand derweil in den Sternen. Seine Wertpapiere waren ohnehin bereits beschlagnahmt, wie auch große Teile seines Besitzes. Was blieb also überhaupt noch von der Erbschaft?

Dinge wie Staub

Ich betrachte die Vermögenserklärung, die jeder Jude im Deutschen Reich gegenüber der nationalsozialistischen Führung zu machen hatte.

»Vor der Ausfüllung des Vermögensverzeichnisses ist die beigefügte Anleitung genau durchzulesen!«, heißt es da in Fraktur.

1. *Wer hat das Vermögensverzeichnis einzureichen?*
   Jeder Anmeldepflichtige, also auch jeder Ehegatte und jedes Kind für sich. Für jedes minderjährige Kind ist das Vermögensverzeichnis vom Inhaber der elterlichen Gewalt oder von dem Vormund einzureichen.

2. *Bis wann ist das Vermögensverzeichnis einzureichen?*
   Bis zum 30. Juni 1938. Wer anmelde- oder bewertungspflichtig ist, aber die Anmelde- und Bewertungspflicht nicht oder nicht rechtzeitig erfüllt, setzt sich schwerer Strafe (Geldstrafe,

Gefängnis, Zuchthaus, Einziehung des Ver-
mögens) aus.

3. *Wie ist das Vermögensverzeichnis auszufüllen?*
   Es müssen sämtliche Fragen beantwortet wer-
   den. Nichtzutreffendes ist zu durchstreichen.
   Reicht der in dem Vermögensverzeichnis für
   die Ausfüllung vorgesehene Raum nicht aus,
   so sind die geforderten Angaben auf einer An-
   lage zu machen.

4. *Wenn Zweifel bestehen, ob diese oder jene*
   Werte in dem Vermögensverzeichnis aufge-
   führt werden müssen, sind die Werte aufzu-
   führen.

Mir scheint, dass Isidor dieser weitere Schritt der
systematischen Ausgrenzung und Beraubung, der
in so bürokratisch tadelloser Gestalt daherkam, irgendwie vertraut erscheinen musste, wie die Steu-
ererklärung all der Jahre zuvor.

In den Akten, die ich achtzig Jahre später im
Österreichischen Staatsarchiv einsehe, finden sich
seitenweise Aufstellungen von Wertpapieren, von
üppigen Service und Bestecksets, Stilmöbeln, Öl-
bildern, Kunstgegenständen, kostbaren Teppi-
chen, Pelzen und Schmuck. Alles verschwunden.
Beschlagnahmt. Gestohlen. Geraubt. Ein Mensch
wurde ausgelöscht – zunächst materiell, dann phy-

sisch. So war es der Plan der Nazis, und so wurde es millionenfach praktiziert.

Neben diesen Auflistungen finde ich einige Quittungen und Korrespondenzen zwischen den unterschiedlichen Behörden, die sich mit der Schätzung und Verwertung seiner Dinge beschäftigten. Alles, was zu Geld gemacht werden konnte, wurde zu Geld gemacht und kam dem Staat zugute. Dazwischen: ein kleiner handgeschriebener Zettel, eher ein Wisch als ein offizielles Dokument. Er stammt aus dem Wiener Dorotheum, einem der ältesten und größten Auktionshäuser der Welt. Es entwickelte sich während der nationalsozialistischen Zeit, als damals staatliche Institution, zu einer zentralen Verwertungsstelle geraubter Gegenstände und sogenannter Vermögenswerte aus jüdischen Haushalten. Auf dem Zettel ist mit unordentlicher Schrift vermerkt: »*Drei goldene Zigarrendosen – 396 g Gold – 617,70* RM *– erledigt, 4.4.1939*«. Zu dieser Zeit war Isidor schon Monate tot. Man kam offenbar nicht hinterher mit all der Bürokratie, die der Raub nach sich zog. Edelmetalle aus jüdischen Haushalten mussten in einer öffentlichen Ankaufstelle des Dorotheums (»nach § 14 der Verordnung über den Einsatz des jüdischen Vermögens«) abgegeben werden, sie wurden eingeschmolzen und in Form von Silber- und Goldbarren nach Berlin-

Moabit, direkt ins Finanzministerium des Deutschen Reichs abtransportiert.

Isidors Wertpapiere und Aktien hatte sich der Staat kurz nach seiner erzwungenen Unterschrift in Haft einverleibt – sie wurden Teil des sogenannten Vierjahresplans der Nationalsozialisten, so lese ich in einem Brief der damaligen Vermögensverkehrsstelle. Dieser Plan sah vor, die Autarkie des Deutschen Reichs herzustellen und Wirtschaft und Armee binnen vier Jahren in Kriegsbereitschaft zu versetzen.

Und was passierte mit dem Rest des Besitzes von Isidor? Mit seinem Hausrat und allem, was den Nazis offenbar nicht von weiterem Interesse schien? Meine Spurensuche beginnt mit der Vermögenserklärung und zahlreichen Dokumenten aus den Archiven, die nachvollziehen lassen, in welchen bürokratischen Schritten ein Mensch zunichtegemacht wurde. Erstaunlich, wie viele Beweise darüber in den Schubladen und Archivregalen schlummern. Diese Zeugnisse machen klar, wie unfassbar schnell die Nazis in Wien ihre lang im Vorfeld ausgeheckten Pläne in die Tat umsetzten.

Isidors Fracht mit dem, was nach dem Raubzug übrig geblieben war, die in der Spedition darauf wartete, gen Hollywood ausgeschifft zu werden –

sie verließ niemals Wien. So verraten es die Unterlagen aus den Archiven.

Einige Jahre zogen ins inzwischen kriegszerrüttete Europa, für die Unterstellungskosten der Fracht in der Wiener Spedition kamen bis 1942 Rudolf und Nathan auf, die es geschafft hatten, sich und ihre Familien in die USA zu retten. Doch lohnte sich das noch? Würden sie die Dinge in diesen unsicheren Zeiten jemals zurückerhalten? War es nicht besser, den Ballast vergangener Jahre über Bord zu werfen? Und so stellten die Brüder die Zahlungen ein. Kurze Zeit später wären Überweisungen sowieso sinnlos geworden, alles, was noch in Wien darauf wartete, ausgeschifft zu werden, fiel automatisch dem Staat zu. Es herrschte Krieg, unnütze bürokratische Transaktionen galt es zu vermeiden. Und so lag der ganze Hausrat – wie so viele jüdische Güter – nun herrenlos da. Doch nicht lang. Mit den mehr oder weniger kostbaren Dingen ließ sich ja immerhin noch ein einträgliches Geschäft machen.

Der letzte Vermerk, den ich über den Verbleib von Isidors Besitztum finde, ist eine umfangreiche Tabelle mit vielen Zahlen. Unter dem Aktenverzeichnis »1980« des Jahres 1942 ging die komplette Fracht, der sogenannte »Lift«, an die VUGESTA, die »Verwaltungsstelle jüdischen Umzugsgutes der

Gestapo«. Und wurde somit unters Volk gebracht und versteigert. Nicht nur, dass Isidor für alles, was er ausschiffen wollte, den Gegenwert hatte zahlen müssen. Man verdiente nun ein weiteres Mal daran.

Doch was sind schon Dinge im Vergleich zu Menschenleben.

Fortgänge

Physisch, moralisch und materiell vernichtet müssen die Armen in die Fremde ziehen. Das arme jüdische Emigrantenschicksal«, schrieb Franziska im Sommer 1938 aus Wien an ihren Sohn Walter nach Palästina, kurz nachdem er es geschafft hatte, Europa zu verlassen.

In der Tel Aviver Wohnung meiner Großeltern finde ich neben den vielen Briefen aus jener Zeit Telegramme, mit denen die Familie über die gelungene oder nicht gelungene Flucht der Verwandten informierte, Suchanfragen über den Verbleib geliebter Familienmitglieder beim Roten Kreuz, entsprechende Todesmitteilungen und auch die Quittung der Schiffspassagen nach Palästina – wohlgemerkt vom ›Reisebüro Capri‹ in Wien –, die Emil und Franziska im Marz 1939 endlich in den Händen hielten.

Sie kamen mit der ›Experia‹ im Hafen von Haifa an, sämtlicher Kräfte beraubt, mittellos – doch immerhin am Leben. Es geschah das, was Franziska immer wieder in ihren Briefen formulierte: »*Freilich, liebes Kind, darfst Du Dir nicht vorstellen, dass Du mich in jugendlicher Schönheit wiederfinden wirst. Das, was ich mitmache seit Monaten und was mir Gott behüte noch bevorsteht, hinterlässt arge Spuren. Jetzt weine ich schon wieder. Da ist nichts zu machen und nützen die besten Vorsätze nicht. Das sind die geschwächten Herzen. Liebes Kind, vertröste mich, dass wir wieder vereint werden, das erhält mich am Leben.*«

Bestecke – späte Fundstücke

Was bleibt von einem Menschen übrig, wenn nichts von ihm übrig bleibt?

Im Tel Aviver Haushalt meiner Vorfahren gibt es einen üppigen Besteckkasten mit Gabeln, Messern, Löffeln in allen Größen und Ausgestaltungen samt Servierbesteck. Isidors in roten Samt gebettete Silbergarnitur ist das Einzige, was sich aus dem Besitz des reichen Mannes erhalten hat.

Wäre es nach den Nazis gegangen, hätte der klobige Besteckkoffer selbstverständlich nicht nach Palästina mitgenommen werden dürfen. Und hätten Emil und Franziska damals in Wien nicht dem für sie abgestellten Nazibeamten einen angenehmen Abend beschert, wäre der Silberschatz niemals über das Mittelmeer verschifft worden. Der Termin der Ausreise nahte, und es stand die Inspektion der Dinge an, die das Ehepaar Grab mitnehmen wollte. Unter den wenigen verbliebenen Habseligkeiten waren eine neue Schreibmaschine und Schnittmuster aus Emils inzwischen arisiertem Betrieb.

Der Beamte hatte sich für den Abend angekündigt. Wohl wissend, dass es wegen des Besteckkastens Ärger geben könnte, stellten Emil und Franziska ein Abendbrot für den ungebetenen Gast bereit. Und vor allem: jede Menge Hochprozentiges.

Der Nazibeamte nahm nach der Begrüßung gerne ein Gläschen an, bevor er sich ans Werk machte. Emil gelang es, den Mann ins Gespräch zu verwickeln und sein Glas ganz nebenbei stetig mit Slibowitz aufzufüllen, kaum leerte es sich. Der Beamte, der immer besser gelaunt und redseliger wurde, vernachlässigte den eigentlichen Grund seines Besuches zunehmend. Irgendwann schien es ihm egal geworden zu sein, was diese gewöhnlichen Juden alles mitnehmen wollten. Antisemitische Kalauer, derbe und anzügliche Bemerkungen – die Grabs nahmen an diesem Abend alles in Kauf, Hauptsache, der Pegel stieg, und die Welt vernebelte sich vor den Augen des Sachverständigen. Spät torkelte der Mann aus der Tür, nicht ohne etwas, das eine Unterschrift sein sollte, auf das entsprechende Dokument gekritzelt zu haben. Emil und Franziska blickten sich erleichtert an. Der Silberschatz konnte mit!

Wenige Tage vor der Ausreise schrieb Franziska in einem letzten Brief an Walter nach Palästina:

»*Ich bin von einer derartigen Erregung, dass es sich kaum schildern lässt. Ewige Angst, es könnte noch vor der Abreise etwas eintreten. Dem lieben Papa geht es psychisch auch nicht besser als mir. Wie ich mich zu erinnern weiß, hast Du, liebes Kind, auch bis zum letzten Augenblick unter dieser Psychose gelitten. Mir kommt das so unglaublich vor, dass auch wir lebend von da wegkommen sollen.*«

Monate später, sie waren endlich sicher in Palästina angekommen, verschaffte Isidors Besteckkasten der Familie ein wenig Luft zum Atmen: Franziska und Emil hatten, um sich in der neuen Umgebung über Wasser halten zu können, bereits einige ihrer mitgebrachten Gegenstände verkauft, darunter die Schreibmaschine und ein paar kleine Medaillons. Wieder war das Geld knapp. Sollten sie nun auch das wertvolle Silber verkaufen? Oder versetzen? Die Familie Grab rang sehr mit sich. Schließlich war das Besteck das Einzige, was noch an den Onkel erinnerte. Man entschied, das Silber ins Pfandhaus zu bringen und es wieder auszulösen, sobald es die finanzielle Situation erlaubte. Mit dem Erlös beglichen die Grabs die Schulden beim Lebensmittelhändler und kauften Rohware, um den spärlichen Werkstattbetrieb für Taschen aufrechtzuerhalten. Monatlich zahlten sie dem Pfandhaus Zinsen, damit das Besteck nicht versteigert wurde. Drei Jahre später kaufte die Familie es wieder zurück, und so blieb der Silberkoffer in der Familie.

Allerdings fristete dieser Schatz ein Dasein im Verborgenen. Nur zu ganz besonderen Anlässen wurde er vom Hängeboden gehievt, er war schwer wie Blei, sperrig wie ein Sarg. Auch wenn es das einzige Überbleibsel vom Onkel war, im Grunde machte es nur Arbeit. In dieser feuchten Hitze lief das Silber viel schneller an als im alten Europa, es musste jedes Mal zuerst poliert werden, bevor es auf den Tisch kam. Zu viel Aufwand für einen pragmatischen Haushalt, der auf die Bedürfnisse des kargen neuen Alltags im staubigen Palästina ausgerichtet war. Großbürgerlicher Prunk wirkte in den Aufbaujahren des neuen Staates schwer und überholt, aus Zeit und Rahmen gefallen. Wer brauchte all diese Dinge schon? Und vielleicht erinnerten sie auch zu sehr an die untergegangene Welt, an die nie heilende, immer schmerzende Wunde der Vertreibung.

Wo wohl der Rest von Isidors Hab und Gut heute steckt? Meine Suche endet immer wieder in Sackgassen. Doch die eine oder andere Spur finde ich dann doch.

Was geschah zum Beispiel mit Isidors Bibliothek, in der sich Erstausgaben und kostbare Bände befanden? Im Wiener Museum für angewandte Kunst stoße ich auf das Ex Libris des Onkels und seiner zweiten Frau Berta und staune über das Artnouveau-Motiv mit dem verträumten Paar und der Putte, die auf die Zeit hinweist. Ich recherchiere weiter und gelange zu einer Bibliothek, die weniger idyllisch daherkommt:

Der Herausgeber der antisemitischen Hetz- und Propagandazeitschrift *Der Stürmer,* Julius Streicher, NSDAP-Gauleiter von Franken, hatte sich in ganz Europa eine Bibliothek zusammengeraubt. Er war ein besessener Sammler von jüdischer Literatur und antisemitischen Schriften – und von Büchern, die aus jüdischen Haushalten stammten oder von anderen Opfern der nationalsozialistischen Verfolgung. Eifrige Gefährten und Anhänger wussten davon und sandten ihm von überall Konvolute aus Gemeinden und Akademien, aus privaten Haushalten und Schulen zu. Aus fast allen Ländern Europas, in denen die Nazis einfielen, kamen die Lieferungen. Die Bücher wurden zu Kriegsende in den unversehrten Redaktionsräumen des *Stürmers* in der Nürnberger Pfannenschmiedsgasse 19 und in Streichers Landgut Pleikershof in Cadolzburg aufgefunden.

Bis heute befindet sich die sogenannte »Stürmer- und Streicherbibliothek« in Nürnberg, inzwischen treuhänderisch verwaltet von der Israelitischen Kultusgemeinde, die Nachfahren und gesetzmäßige Erben der einstigen Besitzer auf der ganzen Welt sucht.

Eines der Bücher aus Isidors Bibliothek ist tatsächlich hier gelandet. Eines von zig Hunderten.

Ich halte es in der Hand – es ist ein kleines Handbuch der Kunst französischer Höflichkeit und Etikette, ein *manuel du bon ton,* vermutlich aus den 1850er-Jahren. Es zeugt von Isidors Liebe für das Schöne, nicht nur im ästhetischen Sinn.

Das Buch beginnt mit einem Zitat des Philosophen Voltaire: »Höflichkeit ist für den Geist, was Anmut für das Gesicht ist.«

Späte Sonne
Ein Nachwort

Ich gehe alle Wege ab, von denen ich weiß oder annehme, dass sie Walter im Wien seiner Jugend gegangen ist. Und meine, zum ersten Mal wirklich zu verstehen, was er in seinem Leben in Palästina und Israel vermisst hat: die wohlgestalteten Straßenverläufe, die mal überbordenden, mal schlichten Fassaden, die gemütlichen Winkel und Plätze in seinem Wohnviertel, das zwar großstädtische, aber gleichzeitig angenehm ruhig dahinschnurrende Alltagsleben. Die Kultur, die Ästhetik, den ganzen Habitus der einstigen Weltmetropole. Die sanft ansteigenden Hügel und Anhöhen, die charmanten Treppen, die die Höhenunterschiede zweier Straßen überbrücken und ungeahnte Sichtachsen ermöglichen. Nicht zu vergessen die Wiener Hausmannskost, das Schlagobers, den Schmäh, die teils überdehnte Freundlichkeit, hinter der auch Abgründiges lauert.

Es ist ein spätsommerlicher, warmer Tag, als ich mich auf die Suche nach Isidors Grab mache. Ich gehe zum Tor Nummer vier des Wiener Zentralfriedhofs. Hier im jüdischen Abschnitt ist an diesem Tag wenig los. Die Dame im kleinen Verwaltungsgebäude ist äußerst hilfsbereit. Vielleicht habe sie etwas Interessantes für mich, sagt sie. Sie macht einen eisernen Aktenschrank auf und fängt an, in den alten Sterbebüchern der Israelitischen Kultusgemeinde zu blättern. Tatsächlich findet sie Unterlagen zu Isidors Begräbnis vom November 1938. Die Rechnung für den Grabstein, eine Skizze der geplanten Inschrift. Darauf steht vermerkt: *»Zur Wahrung des konfessionellen Charakters des Friedhofes muss auf jedem Grabmonumente oder an Grüften mindestens ein hebräisches Wort angebracht werden.«* Die Geschwister entschieden sich für die Kohen-Hände, wie ich dem Formular entnehme.

Ein weiteres Blatt enthält eine Aufstellung der Kosten. Das ›S‹ auf dem Vordruck für ›Schilling‹ ist durchgestrichen und durch ein handschriftliches ›RM‹, also ›Reichsmark‹, ersetzt. Der unverhoffte Papierfund: eine kleine Überraschung für mich, weitaus nicht die einzige. Wohin ich in diesen Tagen in Wien auch komme, es erwarten mich Spuren und Indizien, ungeahnte Hinweise auf das, was hier einst war.

Isidors Grab liegt auf der anderen Seite des Friedhofs, ich müsse ein Stück laufen, sagt die Dame von der Friedhofsverwaltung. Das macht mir nichts aus, im Gegenteil. Ich bahne mir einen Weg durch das hohe Gras, schaue hinauf zu den Kronen der alten Bäume und betrachte die teils schief im Erdboden steckenden Grabsteine, vornehmlich stammen sie aus dem 19. und 20. Jahrhundert. Ich lese die Namen darauf, schaue mir die Jahreszahlen an und imaginiere anhand der Inschriften die Umrisse eines möglichen Menschenlebens.

Dieser Ort scheint so entlegen, verträumt, friedlich an diesem Spätsommertag. Wie vielen der Gräber hier noch Besuche abgestattet werden? Auf einigen stehen keine Grabsteine, es sind lediglich Holzplatten oder kleine steinerne Tafeln auf einem schlichten Eisengestell aufgestellt oder eingepflockt, manche liegen auch einfach nur halb verwittert im Gras. Im Laufe des Krieges war es Juden irgendwann nicht mehr gestattet, den Verstorbenen einen Grabstein zu setzen. Eine schlichte kleine Platte musste reichen, um kenntlich zu machen, wer hier ruhte.

Isidor hat noch einen bekommen – er wurde im November 1938 von den Geschwistern bezahlt und ein Jahr später, im November 1939, aufgestellt – da waren sie längst nicht mehr in Wien, und es herrschte Krieg. Während ich mir vorzustellen versuche, was er über den Ort gedacht hätte, an dem er seine letzte Ruhe gefunden hat – ob es ihn tatsächlich irgendwie beruhigt hätte zu wissen, dass er doch noch nach jüdischem Ritus beerdigt werden würde –, schrecke ich auf.

Ein lautes Geraschel hat mich aus meinen Gedanken gerissen. Ein Reh steht vor mir, scheu und neugierig zugleich starrt es mich einige Sekunden lang an und springt dann zwischen den Grabsteinen davon. Ein Fasan kreischt dramatisch auf und erhebt sich in die Luft, und plötzlich entdecke ich überall Rehe, große und kleine, die mich schon seit einiger Zeit beobachtet haben müssen. Ich bin in ihr friedliches Habitat eingedrungen. Ein Hase mit langen Löffeln hopst hinter einem der Grabsteine hervor. Wo bin ich hier gelandet? Die Ruhe der Toten scheint von Tieren bewacht zu werden.

Erst später erfahre ich, dass dieses märchenhafte und poetische Bild eine dunkle Seite hat: Einmal im Jahr lässt die Stadt Jäger kommen, um Rehe zu schießen – die Tiere würden sich ansonsten zu schnell vermehren, da sie hier keinerlei natürliche Feinde haben. Eine Jagd auf einem Friedhof, was für ein makabres Szenario. Ich stelle mir die blutigen Tierkadaver vor – auf den in den Boden gelassenen Grabplatten, auf den notdürftigen Gräbern aus den Kriegsjahren, als in Wien noch einige wenige Juden lebten, zusammengepfercht in sogenannten Judenwohnungen, auf ihre Deportation wartend.

Ganz am Ende, direkt vor der Friedhofsmauer, die das angrenzende Grundstück markiert, finde ich es. Isidors Grab.

Ich bin nicht allein. Jemand ist schon dort und schaut mich mit großen braunen Augen an.

Das Reh und ich, wir bleiben wie angewurzelt stehen. Ich halte einen kleinen Stein in der Hand, den ich – nach jüdischem Brauch – auf das Grab meines Urgroßonkels legen möchte. Ich mache einen Schritt, dann noch einen, vorsichtig, um das zarte Wesen nicht zu verschrecken, ich lege behutsam den Stein ab und lese, gemeinsam mit dem Tier, so bilde ich mir ein, die Inschrift auf der Grabplatte: *»Unserem innigst geliebten Bruder. Kommerzialrat Dr. Isidor Geller. 15. 9. 1886–17. 11. 1938. Betrauert von seinen Geschwistern.«*

Als ich aufblicke, springt das Reh in hohen Bögen davon und verschwindet in der Ferne, irgendwo zwischen den Gräbern.

Merkt auf!

Merket auf, ihr Völker alle!
Hört, was ich euch sage jetzt:
Durch der Reden Widerhalle,
Durch der leeren Worte Schwalle
Werdet ihr zum Krieg gehetzt.

Habt ihr alle schon vergessen,
Welcher Strom des Blutes floss,
Als, vom Völkerhass besessen,
Ihr euch habt im Mord gemessen
Mit des Lebens Weggenoss'?

Könnt ihr euch denn nicht entsinnen
An den Hunger, an die Not,
Als, den Krieg nur zu gewinnen
Und der Schande zu entrinnen
Ihr auf euch nahmt bitteren Tod?

Nun, so wird es wieder werden,
Wenn ihr euch nicht Klarheit schafft.
Wenn ihr Ruhe wollt auf Erden,
müsst ihr anders euch gebärden,
Als vergeuden so die Kraft.

Lasst Vergangenheit euch nützen,
Dass die Zukunft besser sei!
Ihr müsst friedlich euch beschützen!
Dann erst werdet ihr besitzen
Echte Freundschaft, wahre Treu!

Walter Grab, gedichtet am 21. April 1936,
mit 17 Jahren

Mein Dank

… gilt zuallererst meiner Familie.

Vor allem danke ich meinen vier geliebten Groß-eltern – Walter, Alice, Ruth und Raphael – für alles, was sie uns weitergegeben haben. Erbstücke gibt es so gut wie keine in unserer Familie, keine Gegenstände, die unsere Familiengeschichte und ihre Wege spiegeln. Vertreibung und Ermordung sind der Grund, warum sie fehlen. Umso wichtiger sind die Geschichten, die überlebt haben. Und weitererzählt werden.

Ich danke den Provenienzforscherinnen und -forschern und Archivarinnen und Archivaren, die es sich zur Aufgabe gemacht haben, ein wenig Licht ins Dunkel verworrener Unrechts- und Gewaltgeschichten zu bringen. Zu nennen sei hier vor allem das Deutsche Zentrum Kulturgutverluste, dessen Tagung zu »20 Jahre Washingtoner Prinzipien – Wege in die Zukunft« mir den Initialgedanken zu meinen Recherchen gab.

Im Falle Isidors danke ich allen voran Anneliese

Schallmeiner von der Kommission für Provenienz-forschung beim Archiv des Bundesdenkmalamts in Wien. Mit ihrer Hilfe konnte ich die eine oder andere Black Box seines Lebens füllen. Ein Erlebnis war es für mich, sie in ihrem Büro gleich neben dem Sisi-Museum – die Batthyany-Stiege erklimmend bis zum Dachgeschoss – in der Wiener Hofburg zu besuchen. Ein Ort wie eine Filmkulisse. Das gemeinsame detektivische Nachdenken darüber, wo ein Mensch vor langer Zeit Spuren hinterlassen haben könnte, hat große Freude bereitet. Anneliese Schallmeiners umfassendes Wissen und ihr ausgeprägter Spürsinn, in denen irgendetwas zwischen Trost und einer späten Anerkennung für erduldetes Unrecht liegt, haben mich angespornt und ermutigt weiterzusuchen.

Ich danke den vielen Schriftstellerinnen und Schriftstellern, die ich im Laufe meines beruflichen Lebens auf großen und kleinen Bühnen, bei einer gemeinsamen Fahrt mit dem Zug, beim Spazierengehen oder in meinen Radiosendungen begleiten und befragen durfte. Sie gaben mir eine Vorstellung davon, wie erfüllend das Schreiben sein kann.

Ein großer Dank gilt dem Diogenes Verlag und Philipp Keel für das Interesse an meinen Geschichten. Und ganz besonders Ursula Bergenthal, die die Intuition hatte, mich zum richtigen Zeitpunkt nach meinen Recherchen zu fragen, und die meine ersten literarischen Versuche begleitete.

Meiner Lektorin Margaux de Weck bin ich unendlich dankbar für die so beglückende und konstruktive Zusammenarbeit, ihre Gabe, alles im Blick zu behalten und klug und sensibel jeden Winkel meiner Geschichte auszuleuchten und an den richtigen Stellen Fragen zu stellen.

Und last but not least danke ich all meinen Lieben, die um mich herum sind und mit denen ich lebe; die immer mitgefiebert haben, wenn ich eine neue Isidor-Spur entdeckt habe ... Ihr erfreut mein Herz, ihr seid mein Leben.

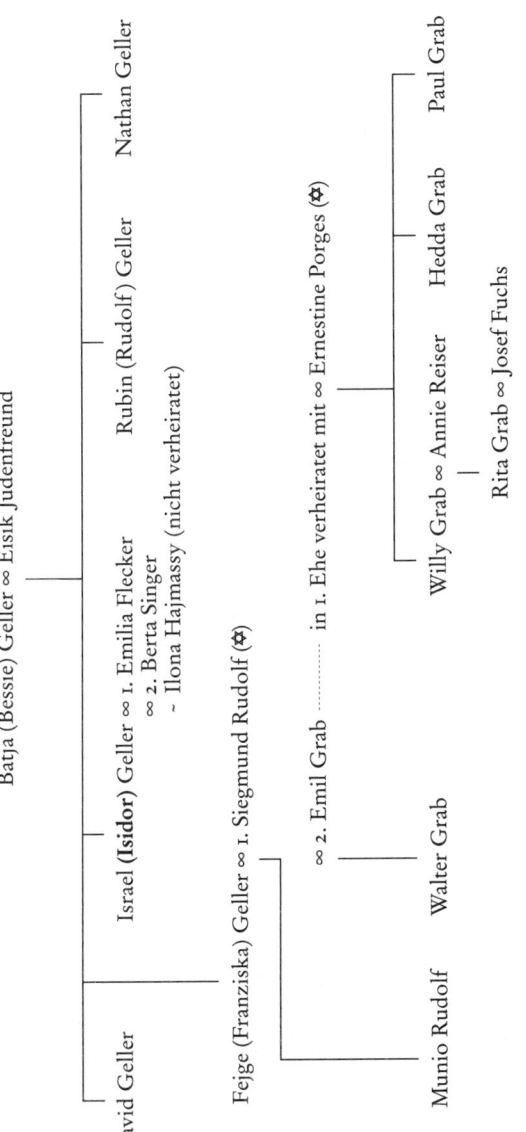

Stammbaum der Familie Geller

Batja (Bessie) Geller ∞ Eisik Judenfreund

David Geller

Israel (**Isidor**) Geller ∞ 1. Emilia Flecker
∞ 2. Berta Singer
~ Ilona Hajmassy (nicht verheiratet)

Rubin (**Rudolf**) Geller

Nathan Geller

Fejge (Franziska) Geller ∞ 1. Siegmund Rudolf (✡)

∞ 2. Emil Grab ········ in 1. Ehe verheiratet mit ∞ Ernestine Porges (✡)

Munio Rudolf

Walter Grab

Willy Grab ∞ Annie Reiser

Hedda Grab

Paul Grab

Rita Grab ∞ Josef Fuchs

Roman
Aus dem Niederländischen von Ira Wilhelm
Mit Fotografien
480 Seiten
Auch erhältlich als eBook und Hörbuch-Download

Als Stefan Hertmans sich zum Kauf eines alten Hauses in Gent entschließt, ahnt er nichts von den Geschichten, die sich hinter dessen Mauern abgespielt haben. Er macht sich auf die Suche nach den Spuren der früheren Bewohner und entdeckt die fesselnde Geschichte eines ss-Offiziers und dessen pazifistischer Frau. Angetrieben von einem tiefen Bedürfnis nach Verständnis, tastet sich Hertmans an diese Figuren heran und beleuchtet damit zugleich die Tragödie eines ganzen Landes.

Friedrich Dönhoff
Ein gutes Leben ist die beste Antwort
Die Geschichte des Jerry Rosenstein

Diogenes

Mit farbigem Bildteil
192 Seiten
Auch erhältlich als eBook

Lange hat Jerry Rosenstein geschwiegen. Doch auf einer Reise durch Holland und Deutschland erzählt er dem 40 Jahre jüngeren Friedrich Dönhoff seine Geschichte. In der hessischen Provinz geboren, wuchs Jerry in Amsterdam auf, bis er im Alter von 15 Jahren deportiert wurde und nach Auschwitz kam. Mit viel Glück und dem richtigen Instinkt hat er diese Zeit überlebt. Danach wollte Jerry nur noch eins: frei sein. Und das hat er in vielerlei Hinsicht auch geschafft.

Aus dem Niederländischen von Maria Csollány
160 Seiten
Auch erhältlich als eBook

Die Kinderjahre von vier bis sieben, die die sorglosesten sein sollten, erlebte Jona Oberski im Grauen von Bergen-Belsen. In seinem einzigartigen, verstörenden Buch nimmt er die Perspektive des Kindes ein, das nichts begreift, doch alles Geschehen registriert und einzuordnen versucht. Ein literarisches Monument, in einem Atemzug zu nennen mit den Werken von Anne Frank, Primo Levi und Imre Kertész.